SILVIA CÉSAR • LETICIA GROSSO
NORA LIMERES • JOSÉ MARÍA TOMÉ

EL DESAFÍO
DE LA DIVERSIDAD

Bonum

El desafío de la diversidad / José María Tomé

1. Pedagogía 2. Inclusión.

Director del área de Educación: *Julio César Labaké*

Corrección: *Pablo Valle*
Diseño de cubierta: *Natalia Siri*
Diseño de interiores: *Paula Álvarez*

ÍNDICE

PRÓLOGO

EL DESAFÍO DE LA DIVERSIDAD

Francisco Hernando Arri

Uno de los grandes retos de las sociedades contemporáneas tiene que ver con la inclusión. Ya alejados de las concepciones "normalizadoras" de la educación (que, en muchos casos, además, respondían a proyectos políticos de país en donde la escuela actuaba como un elemento homogeneizador y creador de ciudadanía), el pluralismo, la aceptación del otro como distinto y diverso, plantea una serie de desafíos que merecen ser analizados y estudiados.

En un documento publicado en 2005, la UNESCO (Organización de las Naciones Unidas para la Educación, la Ciencia y la Cultura) estableció que el objetivo de la educación inclusiva es

Brindar respuestas apropiadas al amplio espectro de necesidades de aprendizaje tanto en entornos formales como no formales de la educación. La educación inclusiva, más que un tema marginal que trata sobre cómo integrar a ciertos estudiantes a la enseñanza convencional, representa una perspectiva que debe servir para analizar cómo transformar los sistemas educativos y otros entornos de aprendizaje, con el fin de responder a la diversidad de los estudiantes. El propósito de la educación inclusiva es permitir que los maestros y estudiantes se sientan cómodos ante la diversidad y la perciban no como un problema, sino como un desafío y una oportunidad para enriquecer las formas de enseñar y aprender.

Desde esta perspectiva, que entiende la inclusión desde un aspecto filosófico y antropológico profundo, los docentes se preguntan: ¿qué implica *incluir* en el aula?, ¿cómo lograr unidad en la diversidad?, ¿cómo enseñar en este contexto?, ¿qué ocurre con la evaluación?

También los padres podrían indagar respecto de los establecimientos a los que concurren sus hijos, y todos podríamos preguntarnos acerca de las capacidades del sistema educativo (desde la escuela como organización y también como espacio, los diseños curriculares, las cuestiones normativas) para llevar adelante este tipo de enfoque que, tal como queda demostrado en las páginas de este libro, no implica cómo se produce la integración de ciertos alumnos con "dificultades" a una enseñanza normalizada, sino cómo la escuela toma el desafío de educar desde la diversidad, aceptando la mirada del otro y su subjetividad.

La perspectiva inclusiva, tal como lo muestra su desarrollo histórico, ha ido consolidándose como un campo de conocimiento específico dentro de las ciencias de la educación, con una mirada *holística* sobre los procesos de enseñanza y aprendizaje, cimentados en paradigmas y perspectivas filosóficas y antropológicas que la sustentan.

Este libro se propone una tarea difícil: explicar con lenguaje llano, claro y accesible las perspectivas actuales de la educación inclusiva. Sin embargo, esa misión queda ampliamente cumplida toda vez que los autores recogen la vasta experiencia que poseen en el campo profesional (tanto en las aulas como en la academia), y logran un maridaje perfecto entre teoría y práctica, entre análisis y propuesta, entre diagnóstico y evaluación.

José María Tomé se adentra, en su capítulo, en la historia de la educación especial, haciendo un recorrido minucioso y crítico de los contextos sociohistóricos que dieron lugar a su nacimiento. A partir de allí, construye las condiciones de producción de los paradigmas del déficit, de la integración y de la inclusión que atraviesan la evolución de la educación especial.

Uno de los aspectos más enriquecedores del capítulo en cuestión tiene que ver con la vinculación de esas perspectivas con los fundamentos teóricos médicos, pedagógicos y de intervención que suponen.

Haciendo gala de un estilo ameno, pero no por ello menos riguroso, José María Tomé logra coordinar las voces de varios autores con la suya propia y, a través de su experiencia, consigue introducir al lector en los aspectos más relevantes de la educación inclusiva.

El libro también recoge lo mejor de las tradiciones filosóficas y antropológicas para describir e interpretar al hombre de la sociedad del conocimiento. Desde una perspectiva ética, pero sin olvidar el carácter construido de la significación (y, por ende, de lo social), Silvia César de Acevedo reflexiona sobre las nuevas configuraciones familiares, el impacto de las tecnologías digitales y la crisis de la posmodernidad en relación con la escuela y con los procesos de enseñanza y de aprendizaje.

Reconociendo la complejidad del campo específico de la educación especial, y recogiendo los frutos de su amplia experiencia como docente, investigadora y gestora, Nora Limeres se adentra en los avatares de la construcción de proyectos que involucren a toda la comunidad y que pongan en el centro de la escena la atención a la diversidad, en contextos cambiantes y en donde, en la escuela, impactan desde las políticas públicas y el financiamiento educativo hasta la formación de los docentes y el rol de los padres.

Por último, Leticia Grosso reclama, desde sus páginas, la necesidad de una centralidad pedagógica de la cuestión de la discapacidad, resaltando el valor de las políticas públicas y también de las ideologías.

En su capítulo, la investigadora y docente aporta claridad teórica a distintos conceptos que, muchas veces, en los medios de comunicación, y entre los propios docentes, se suelen confundir o mezclar, estigmatizando a aquél considerado "distinto", y propone el modelo de apoyo para garantizar la educación inclusiva.

El texto que tenemos entre nuestras manos echa luz a una problemática compleja, presente en las agendas políticas y públicas, pero sobre la que muchos hablan y pocos realmente entienden.

Tenemos, pues, la posibilidad de que la mirada de cuatro especialistas experimentados nos conduzca por un camino firme, sólido, que reconoce la alteridad como un valor y la mirada del otro como un aporte a una sociedad más justa, más equitativa y que otorgue más derechos.

Que lo disfruten.

I.
EDUCACIÓN INCLUSIVA

José María Tomé

1 INTRODUCCIÓN

El término "escuela" proviene del vocablo griego *skholè* por mediación del latín *schola*. El significado original fue "tranquilidad"; luego, derivó en aquello que se hace durante el tiempo libre; más concretamente, lo que amerita hacerse; es en este punto donde se desprende el significado de "estudio", por oposición a los juegos. En el período helénico, este término pasó a designar las escuelas filosóficas y, por extensión, tomó el significado actual de centro de estudios.

La escuela, en su concepto más amplio, es el ámbito organizacional por excelencia para llevar a cabo acciones sistemáticas y formales que redundarán en beneficio de la persona, y también de la comunidad toda.

Otros conceptos:

› "Un establecimiento público o privado, donde se da cualquier género de instrucción, y especialmente la primaria" (Salvat Editores, 1972, p. 1246).

> Una institución vinculada al conocimiento y a las interacciones sociales.

> "Hemos convenido en llamar *Escuela* a unas instituciones educativas que constan de una serie de piezas fundamentales entre las que sobresalen: el espacio cerrado, el maestro como autoridad moral, el estatuto de minoría de los alumnos y un sistema de transmisión de saberes íntimamente ligado al funcionamiento disciplinario. Desde los colegios de los jesuitas hasta la actualidad, esas piezas están presentes en la lógica institucional de los centros escolares, tanto públicos como privados, (…) las escuelas siguen, como ayer, privilegiando las relaciones de poder sobre el saber" (Varela y Álvarez- Uría, 1991, p. 281).

> "Un espacio ecológico de cruce de culturas, cuya responsabilidad específica, que la distingue de otras instancias de socialización y le confiere identidad y márgenes de autonomía, es la mediación reflexiva de aquellos influjos plurales que las diferentes culturas ejercen en forma permanente sobre las nuevas generaciones" (Gimeno Sacristán y Pérez Gómez, 1992, p. 19).

> "Una comunidad de aprendizaje" (Beltrán Llavador, 1995, p. 12).

> "Una instancia de mediación cultural entre los significados, valores, sentimientos y conductas de la comunidad y la formación de las futuras generaciones" (Donini, 1998, p. 153).

> "Es la institución que las sociedades han creado para que los niños y los adolescentes aprendan, junto a otros, los conocimientos reconocidos como centrales para vivir juntos, para hacerse miembros de esas sociedades" (Parra, 2006, p. 25).

Otras definiciones la caracterizan como aquella institución vinculada al conocimiento y a las interacciones sociales.

Éstas son sólo aproximaciones, ya que "escuela" es un término que, por sí mismo, puede ser resignificado desde múltiples perspectivas; basta con preguntarse sobre su concepto o realizar un análisis retrospectivo histórico, incluso metacognitivo, para darse cuenta de este hecho.

Se habla de escuela excluyente, centrada en el déficit del alumno, como así también expulsora, segregadora, integradora, inclusiva, heterogénea, homogénea, diversa, uniforme, pedagógica y asistencial, que quiso cumplir con el principio de igualdad de oportunidades pero en su búsqueda eliminó las diferencias en lugar de lograr la igualdad sin eliminarlas.

¿Qué es, entonces, la escuela, cuál fue su origen, qué se esperó de ella, qué se espera hoy?

La escuela no es un hecho natural; constituye un fenómeno histórico y social, no fue siempre igual la institución instituida. Según Poggi-Combaz (2002), hace olvidar que es fruto de una larga historia social, política, de confrontaciones y conflictos; por ello es necesario volver a su génesis, para reactualizar la posibilidad de que las cosas puedan ser diferentes.

En el siglo XVII, Juan Amós Comenio (1592-1670) propone una escuela pública graduada, única e igual para todos, en donde debían enseñarse los saberes para la vida adulta; luego se continuaba con la escuela de gramática o gimnasio, y finalmente la universidad, sólo para algunos. Fue Comenio el primero en pensar una escuela programada, con contenidos a impartir, y a quiénes iba dirigida.

La escuela propiamente dicha, la escuela con carácter general, tuvo su origen durante el Humanismo y la Reforma del siglo XVI. Respecto de su desarrollo, se realizó a partir del siglo XVIII con el despotismo ilustrado y la Revolución Francesa. Es en el siglo XIX cuando logró convertirse en universal, gratuita y obligatoria.

En la época moderna, la educación y la escuela logran su mayor expansión, en términos cuantitativos, pero no cualitativos.

A fines del siglo XIX, al modelo de "educar al soberano" se lo vincula también con el de "una educación para la elite". El primero, caracterizado por el "supuesto" principio de difundir el conocimiento a todos los grupos sociales, y el segundo, para formar a los futuros dirigentes, quienes, en su mayoría, tenían la posibilidad de acceder a otros niveles educativos.

La escuela, en ese momento, surgió asociada, en lo político, al marco de la república, y en lo cultural, al liberalismo. Se fue construyendo junto con la modernidad a partir de dos grandes ideales: uno, el de las ciencias, particularmente las exactas, y el otro, la reivindicación de los derechos del hombre en un sentido universal, como lo fueron los Derechos Humanos y del Ciudadano en la Revolución Francesa, cuyo lema sintetizador fueron tres conceptos clave para la época: "Libertad, Igualdad y Fraternidad".

El modelo que imperó fue aquel que privilegió al individuo por sobre la sociedad, y dio al ciudadano prerrogativas sobre otras formas de organización social. Coincide su consolidación con el movimiento de la educación popular, en el mundo y en la Argentina, cuyo principio, "Educación para todos", fue un intento de extender la alfabetización a las grandes mayorías.

Lo político, lo cultural y lo económico constituyeron variables determinantes para los logros y el desarrollo de la escuela en ese siglo XIX; en particular, ella tuvo un modelo de organización y administración coherente, que fue lo que le permitió su expansión y sus logros.

Mientras tanto, la escuela especial, en su ayer, tampoco fue ajena a ese período de creación y expansión de la escuela regular; en el siglo XIX, comenzó a difundirse casi indiferenciada de la medicina: fue el período de la pedagogía terapéutica, que no logró romper los lazos con la curación y el aislamiento.

Repetición y sistema paralelo a la escuela regular, en el mejor de los casos, fueron las estrategias implementadas para esos niños "responsables" de su déficit, que no aprendían igual que el término medio de su grupo de pares y, en consecuencia, requerían una asistencia paramédica y no tanto pedagógica.

Fue en el período de la pedagogía diferencial, sobre la base del modelo denominado psicotécnico, cuando se derivaban los alumnos que no aprendían a la escuela especial, avalados por un test que predeterminaba su destino educativo.

Al pasar el tiempo, los ideales y los postulados planteados por la escuela común y el accionar de la escuela especial fueron perdiendo vigencia, lo que produjo un desprestigio de la institución educativa y sus actores, involucrando al propio sistema formal de enseñanza. Recordemos, a fines del siglo pasado, en la década del 70, el llamado proceso de *desescolarización* (Ilich, 1974).

La escuela moderna del siglo XIX tiene, entonces, sus antecedentes a partir del siglo XVII. Se construyó, como lo indicó Braslavsky (2001), a partir de dos vertientes. La primera fue la institucional, que estuvo vinculada a cómo enseñar, replicando los modelos educativos de las escuelas religiosas. La segunda vertiente fue la intelectual, que se nutrió de la *Ratio Studiorum* de la Orden de los Jesuitas, la *Didáctica Magna* de Comenio y la pedagogía de La Salle.

¿Qué sucedió, entonces, con esa escuela, "común", sólida y estructurada, igual para todos, con un alto grado de expansión? ¿Qué hechos y sucesos determinaron su desactualización? ¿Cambió sólo el contexto, y la escuela no?, ¿o ambos?, ¿o sólo uno de ellos?

Nicolás Casullo (1993) describe algunos de los llamados hechos que caracterizaron la vida del hombre de la segunda mitad del siglo XX, hechos que, al analizarlos, dan cuenta de un escenario de actores, lugares y tiempos necesarios para comprender algunos de los cambios, en particular en las dimensiones política, cultural y económica de nuestra sociedad, en la posmodernidad.

Según el autor, algunos de ellos fueron:

› La crisis del sistema capitalista.

› La crisis del llamado Estado de bienestar.

› La crisis del proyecto político e ideológico del sistema capitalista.

› La crisis de los sujetos sociales históricos.

› La crisis de la sociedad del trabajo.

› La crisis de las formas burguesas de lo político y de la política.

› La emergencia de un tiempo cultural de reconversión tecnológica y de revolución tecnológica.

› La intensa instrumentación cultural.

En consecuencia, el contexto y sus variables intervinientes-dependientes modificaron sustancialmente la historia y la vida de los hombres.

Hoy aquella escuela tradicional, verbalista, centralista, para todos igual, está en crisis; el paradigma de la complejidad, la atención a la diversidad, la inclusión educativa son algunos de los desafíos a asumir.

Abordar la crisis educativa actual y hacer referencia a la construcción de un nuevo paradigma educativo, como lo es la educación inclusiva, implica remontarse a mediados del siglo XX.

Las dos guerras mundiales, los fenómenos histórico-políticos y las transformaciones socioculturales que se produjeron, determinaron la ruptura de una escuela con características modernas, hegemónica, igual para todos, hacia otra posmoderna, abierta a la diversidad.

Surgió un nuevo movimiento cultural para la época. Fue el movimiento llamado posmodernidad, que se inició (convencionalmente) a partir de la década de 1950, y se caracterizó por la crisis de los paradigmas definidos como "realizaciones científicas universalmente reconocidas que durante cierto tiempo proporcionan modelos de problemas y soluciones en una comunidad científica" (Kuhn, 2004, p. 85).

Dicha crisis, particularmente, hace referencia a la dificultad de la escuela moderna que se resiste a los cambios planteados a partir de las nuevas demandas en lo político, en lo filosófico, en lo económico, en lo social y, particularmente, en lo pedagógico-didáctico.

En este marco, la posmodernidad, según Gadotti (1998, p. 215), "niega el sistema, para que se afirme el individuo, lo diferente, lo atípico". Las atrocidades de la Segunda Guerra Mundial dieron cuenta de la ruptura de los ideales del siglo XIX.

Este nuevo clima cultural tuvo una serie de características, entre otras:

› El escepticismo, precisamente por descreimiento en la razón y por todo aquello que ésta pueda proporcionar, mientras que surge una gran valoración por las sensaciones y las intuiciones.

› El neofilismo, un amor desbordado de lo nuevo por el mero hecho de ser reciente e inédito.

› El consumismo, como una nueva libertad de hacerse con todo en contra del pensamiento del ahorro.

› El esteticismo, o una supravaloración de la imagen frente a la ética.

› El oportunismo u ocasionalismo, el vivir el aquí y el ahora. No hay perspectivas de futuro, todo es el presente. Y este presente se construye reciclando ("la era del plástico") el pasado.

› El ahistoricismo y el "fin de la historia", para comprender el mundo a través de ella y proyectar un futuro.

› Y el individualismo exacerbado, o sea, vivir para uno mismo, frivolizando los vínculos e incluso los sentimientos.

Estos hechos, que conmovieron al hombre del siglo XX, no produjeron, en general, cambios significativos en la escuela moderna:

Cuando se cuestiona el mismo sentido de la escuela, su función social y la naturaleza del quehacer educativo (como consecuencia de las transformaciones y cambios radicales tanto en el panorama político y económico, como en el terreno de los valores, ideas y costumbres que componen la cultura, o las culturas de la comunidad social), los docentes aparecemos sin iniciativa, arrinconados o desplazados por la arrolladora fuerza de los hechos, por la vertiginosa sucesión de acontecimientos que ha convertido en obsoletos nuestros contenidos y nuestras prácticas [...]. Parecemos carecer de iniciativa para afrontar exigencias nuevas porque, en definitiva, nos encontramos atrapados por la presencia imperceptible y pertinaz de una cultura escolar adaptada a situaciones pretéritas (Pérez Gómez, 1999, p. 16).

Desde la dimensión sociohistórica y temporal, se ha transitado de un estado moderno a otro que da cuenta de connotaciones diferentes: "Lo catastrófico de esta situación es cuando pasamos al terreno de los valores, de las conductas, de los ideales… entonces ya no hay posibilidad de optar o de decidir cuál es el bien, cuál es el mal" (Cassullo, 1993, p. 45).

2 LOS GRANDES PARADIGMAS EDUCATIVOS: EL DÉFICIT, LA INTEGRACIÓN Y LA INCLUSIÓN

Frente a los cambios producidos a mediados del siglo XX, se cuestiona el origen de la educación especial de fines del siglo XIX, caracterizado por la concepción médico-psicológica, fundamentada en lo patológico, en lo normal y lo anormal.

Surgen entonces, y se desarrollan, casi sucesivamente, más allá de su convivencia en la actualidad, dos grandes paradigmas educativos: el de la integración, desde mediados del siglo XX (1950), y el de la inclusión, cuyos antecedentes se remontan a la década de 1980; ambos, con particular influencia tanto en los sistemas educativos (Ley Federal de Educación N.º 24.195/93 y Ley de Educación Nacional N.º 26.206/06 respectivamente) como en las escuelas (Res. Consejo Federal de Educación N.º 174/12).

Integrar fue normalizar. "Esta nueva trayectoria de la Educación Especial se caracteriza por una serie de principios que se generan en los países escandinavos (Dinamarca y Suecia). En primer lugar cabe destacar el principio de normalización, operativo de la integración escolar" (Arnaiz Sánchez, 2005, p. 14), que es definido como lo opuesto a la segregación y significa vivir en contextos tan normales como sea posible, en condiciones de interacción entre el sujeto con discapacidad y el medio.

Surge un nuevo concepto en el marco de este último paradigma: el de Necesidades Educativas Especiales (NEE), caracterizadas como "las experimentadas por aquellas personas que requieren ayudas o recursos que no están habitualmente disponibles en su contexto educativo, para posibilitarles su proceso de construcción de las experiencias de aprendizajes establecidas en el Diseño Curricular" (Ministerio de Cultura y Educación de la Nación, 1998, p. 1).

A fines de 1980, surge un nuevo movimiento, la educación inclusiva, primero en Estados Unidos de Norteamérica, luego en Europa, generado desde la escuela común por personas con discapacidad, familiares y profesionales de la salud, quienes comenzaron a cuestionar el accionar de la educación especial por su carácter endogámico y centrado sólo en personas con NEE, en la deficiencia.

Esta nueva corriente educativa, conocida como Iniciativa de la Educación Regular (REI), en español Iniciativa de la Educación Ordinaria (IEO), llega a la Argentina a fines de la década del 90, interpelando a la integración cuyo origen, a diferencia de la inclusión, fue desde la misma educación especial.

Son dos representantes de la educación inclusiva, Stainback y Stainback (1999), quienes confirman que se ha producido un cambio del concepto de integración por el de inclusión. En primer lugar, porque el concepto de inclusión comunica con claridad y precisión lo que hay que hacer: incluir a todos los niños, no sólo colocarlos en las clases comunes; en segundo lugar, el término "integración" significa reintegrar a alguien que había sido excluido de la escuela común, el nuevo objetivo es no dejar a nadie fuera de la vida escolar ni de la comunidad; en tercer lugar, en la integración el alumno debía de adecuarse a la escuela y al aula, y en la inclusión la responsabilidad está centrada en que las escuelas deben adaptarse a los estudiantes, y los maestros y los profesores deben satisfacer las necesidades de todos los alumnos, no sólo de algunos.

Se instala, en consecuencia, un nuevo concepto: el de la inclusión educativa, el cual se caracteriza como una concepción del hombre y de la vida que implica un *hacer posible* desde la escuela y tiene consecuencias para toda la sociedad (Tomé, 2010b).

Esta nueva educación se basa en dos perspectivas fundamentales: la primera, que más gente tenga acceso a mayor cantidad de oportunidades educativas en su comunidad, y la segunda, que los sistemas educativos y sus instituciones generen ambientes receptivos a la diversidad de formas, de tal manera de valorar a todos los estudiantes por igual, sin discriminación (Booth, 2010). Ver tabla 1.

····⟩ TABLA 1

• PARADIGMAS DE LA EDUCACIÓN ESPECIAL

DÉFICIT	INTEGRACIÓN	INCLUSIÓN
Perspectiva patológica del sujeto que aprende.	Perspectiva individual de atención a la diversidad de los sujetos que aprenden.	Perspectiva social de atención a la diversidad de los sujetos que aprenden.
Abordaje terapéutico individual.	Abordaje educativo curricular individual.	Abordaje educativo curricular social.
Alumnos con deficiencia.	Alumnos con Necesidades Educativas Especiales.	Alumnos a los que se les presentan Barreras al Aprendizaje y la Participación.
Fundamentos teóricos desde la medicina y la psicología-psicométrica.	Fundamentos teóricos desde la sociología, la antropología, la psicología y la educación.	Fundamentos desde las teorías y las prácticas de la enseñanza. Perspectiva pedagógico-didáctica.
Teorías que fundamentan el aprendizaje: sensualismo, asociacionismo.	Teorías que fundamentan el aprendizaje: constructivismo, psicogénesis.	Teorías que fundamentan el aprendizaje: socioconstructivismo, sociogénesis.
Estrategia de intervención de docente: Programa de Desarrollo Individual (PDI).	Estrategia de intervención del docente: Adecuaciones Curriculares Individuales (ACI).	Estrategia de intervención del docente: en el marco de las Configuraciones de apoyo.

(Fuente: elaboración propia).

Booth (2010) pone como condición de la educación inclusiva "valorar a todos los niños, jóvenes y adultos por igual" (p. 43); se refiere al principio de igualdad de valor, no al encasillamiento que, en nombre de la diversidad, imponen algunos sistemas o instituciones educativos, valorando a unos estudiantes más que a otros. Para ello afirma que la inclusión "es aquella que pretende *transformar determinados valores en acción tanto* en la educación como en la sociedad" (p. 43).

La perspectiva de atención a la diversidad desde el punto de vista educativo, en la segunda década del siglo XXI, deja de ser rehabilitatoria, funcional, basada en el paradigma del déficit, como así también individual curricular, fundamentada en el paradigma de la integración, para ser definida desde el punto de vista curricular social.

Esta última perspectiva significa *despatologizar* a la persona con deficiencia, llamada en algún momento de la historia de la educación especial "alumno diferencial o con NEE", para centrar las dificultades en el medio, en el entorno, focalizando la atención en los obstáculos que se les presentan a los estudiantes, a través del concepto de barreras al aprendizaje y participación.

Este último hecho implica considerar, en particular a las personas con discapacidad, desde un modelo contextual-social no individual, al atender las dificultades de aprendizaje y participación a partir de las interacciones entre los estudiantes y sus contextos. Éstos son: la gente, las políticas, las instituciones, las culturas, las enseñanzas, las condiciones socioeconómicas en las cuales dichas personas viven (Echeíta Sarrionandia, 2006).

En síntesis, no es lo mismo integración que inclusión; la integración se rige por el principio de normalización, crear condiciones tan normales como sea posible para el sujeto que aprende; la inclusión apuesta al principio de contener, estar, dar y recibir en una escuela con y para todos, una escuela única.

La inclusión es un concepto político que intenta construir un camino alternativo al de la integración escolar, fundamentada en una perspectiva pedagógico-didáctica que jerarquiza el rol del educador. Ver tabla 2.

···⟩ TABLA 2

• **LA ESCUELA INTEGRADORA Y LA ESCUELA INCLUSIVA: SUS CARACTERÍSTICAS**

UBICACIÓN EDUCATIVA	ESCUELA INTEGRADORA	ESCUELA INCLUSIVA
NIÑO	Orientado tan cerca de lo normal como sea posible.	El niño se mira como es.
ESCUELA	Una escuela "regular" seleccionada.	Cualquier escuela de la comunidad.
CURRÍCULUM-METODOLOGÍA	Centrada en la asignatura.	Centrada en el niño.
SOSTENIBILIDAD	No prueba ser sostenible.	Sostenible.
OPORTUNIDADES DE PARTICIPACIÓN	Parciales.	Iguales para todos los niños.
DERECHOS DEL NIÑO A LA EDUCACIÓN	Se reconoce el derecho, pero no se cumple.	Cumplidos al día.
PARTICIPACIÓN DE LOS PADRES Y DE LA COMUNIDAD	Mínima.	Participan en todo.

MAESTRO	Maestro de la clase. Maestro de recursos u orientador escolar. Especialista.	Maestro de la clase.
AUTOESTIMA	Se siente mejor.	Se siente muy bien cerca de sí mismo.
RECURSOS DEL AMBIENTE	Inmodificable.	El menor ambiente restrictivo para todos los niños.

Fuente: Pardo (1998).

3 LAS TEORÍAS DE ENSEÑANZA Y LA EDUCACIÓN INCLUSIVA EN LA ESCUELA Y EN EL AULA

La palabra "teoría" deriva etimológicamente del vocablo griego *theoros*, que viene, a su vez, de *tehea*, "vista", y *horo* "ver". Este término solía emplearse como acepción de observar, contemplar una obra de teatro, lo cual puede explicar por qué, en la actualidad, la noción de teoría permite hacer referencia a un asunto provisional o no completamente real.

El término, en su devenir, adquirió un sentido intelectual por medio de ideas; se aplicó a la capacidad de comprender o entender, más allá de la *experiencia* sensorial. Según la definición que se hace desde una perspectiva científica, una teoría está formada por un conjunto de conceptos, proposiciones y definiciones que se encuentran relacionadas entre sí, que son recogidas desde un punto de vista sistemático de fenómenos, con el objetivo de explicarlos o poder predecirlos.

"La teoría designa un estado de conocimiento" (Feldman, 1999, p. 29). Por lo cual no se puede pensar en las prácticas sin conocimiento, sin ideas, sin conceptos; si bien, con frecuencia, en particular en referencia a las prácticas de enseñanza, no hay clara conciencia de la teoría o las teorías que las fundamentan. Surge históricamente una relación entre teoría y prácticas de la enseñanza.

La enseñanza, en la actualidad, se describe como "una situación inicial asimétrica con respecto al conocimiento y el establecimiento de una relación que permite un cambio en esa situación mediante la obtención, por parte de quien no lo tiene, de aquello que no poseía inicialmente" (Feldman, 1999, p. 17).

Si bien no hay práctica sin teoría, según el decir de los académicos, tampoco hay didáctica sin ella. A partir de esta última afirmación, se llega a una relación muy estrecha entre teorías, prácticas de enseñanza y didáctica, comprendida esta última como:

Una disciplina teórica que se ocupa de estudiar la acción pedagógica, es decir las prácticas de la enseñanza, y que tiene como misión describirlas, explicarlas, fundamentar y enunciar normas para la mejor resolución de los problemas que estas prácticas plantean a los profesores (Camilloni y otros, 2008, p. 22).

Se afirma, en consecuencia, que la disciplina teórica dedicada a estudiar la enseñanza es la didáctica. Esta conceptualización significativa y definitoria implica que, al explicar cómo se enseña, se habla de las prácticas y de los marcos interpretativos (teorías, concepciones, modelos) que en ellas subyacen.

El proceso de enseñanza y aprendizaje se fundamenta en la relación maestro/profesor, estudiante y contenido, todos ellos atravesados (concepto de transversalidad) por cuestiones contextuales que, al condicionar dicho proceso, le dan la posibilidad, a su vez, de abordar a la diversidad de los alumnos desde perspectivas diferentes: unas, más centradas educativamente en la individualidad, con características rehabilitatorias y funcionales, basadas en la memoria y la repetición; otras, en lo social curricular, valorando el contexto, cimentadas en teorías cognitivas y socioafectivas, en el marco de las configuraciones de apoyo, redes, equipos de trabajo intra e interinstitucionales, con el objetivo de eliminar o diluir las barreras al aprendizaje y la participación que, desde un punto de vista comprensivo, se les presentan tanto a los enseñantes como a los aprendices.

El describir las prácticas conlleva proponer modelos teóricos que fundamentan qué, cómo y cuándo enseñar, no sólo desde lo cognitivo curricular sino también desde lo socioafectivo.

Enseñar, desde el punto de vista heurístico, implica acciones intencionales, diversificadas, de carácter social, participativas, colaborativas, con el fin de garantizar, en el salón de clase, la creación, la transformación y la multiplicación de significados.

Lo cual implica considerar particularmente el uso de estrategias didácticas, entendidas éstas como una acción premeditada en términos de planificación con anticipación, para dar cuenta, entre otros elementos curriculares, de los recursos y los tiempos disponibles en el contexto y con una particular intencionalidad didáctica.

La didáctica es una disciplina social, no autónoma, estrechamente vinculada a las prácticas de enseñanza, a las que describe, explica, fundamenta, interpreta, planifica, evalúa, permitiendo a los maestros/profesores obtener orientaciones y respuestas posibles a las problemáticas específicas en su tarea áulica cotidiana.

Los momentos socio-histórico-políticos por los que ha atravesado la conceptualización de la educación y, por ende, de la didáctica (referida más específicamente al proceso de enseñanza) llevan a la elaboración de modelos teóricos, marcos teóricos que recogen características generales de la educación sistemático-formal, que han marcado tendencia y fueron reconocidos en el devenir de los últimos siglos con las siguientes denominaciones:

• Tradicional

Su origen se remonta al siglo XVII; se consolidó en el XIX, particularmente en el período de la constitución de los Estados nacionales y el surgimiento de la burocracia. Se basó en el orden y el control: las normas como marco legal de la disciplina, la obediencia y el acatamiento.

El maestro, como regulador y ordenador de todas las situaciones —tiempo, espacio y tareas—, era el dueño del saber, incuestionable en su rol, convalidado por el Estado y las familias, el único responsable de la mediación entre el alumno y el conocimiento, de estilo verbalista, con un uso exacerbado de la lengua oral, su estilo de enseñanza expositivo como única estrategia, sustitutivo de otros, como los experimentos, la observación o la apelación a múltiples fuentes.

El dominio de la disciplina, el autoritarismo, el verticalismo, el aprendizaje basado en la memoria y la repetición, la domesticación de los alumnos fueron algunas de las características más sobresalientes de la concepción tradicional.

El intelectualismo estuvo disociado de lo afectivo-social en el aula y la escuela. "Creer que en la escuela sólo importa el desarrollo de la inteligencia implica negar el afecto y su valor energético en la conducta humana" (Pansza Gonzáles y otros, 1983, p. 13).

• Nueva

La Escuela Nueva, también conocida como Escuela Activa o Educación Nueva, fue un movimiento surgido a fines del siglo XIX que se extendió a lo largo del XX. Entre sus referentes, se destacan las ideas filosóficas y pedagógicas de Jean-Jacques Rousseau (1712-1778) y la corriente naturalista que postulaba la necesidad de volver a la naturaleza para preservar al hombre de una sociedad que lo corrompía; desde esta concepción, se sugería que las escuelas estuvieran construidas en las afueras de las ciudades, rodeadas de plantas y árboles.

No fueron los pedagogos quienes introdujeron estas nuevas ideas que se oponían a la concepción de la enseñanza tradicional, sino los médicos o los psicólogos, quienes llevaron al campo de la escuela los nuevos conocimientos producidos en los diferentes campos disciplinares.

A partir de 1914, estas ideas se expandieron por toda Europa. Se buscó una nueva educación en la cual el protagonista debía de ser el niño; se criticaba el papel del profesor como central protagonista, la falta de interactividad, el formalismo, la importancia de la memorización, la competencia entre el alumnado y, sobre todo, el autoritarismo del maestro. El educador debía de ser guía u orientador: acompañaba pero no intervenía.

Las principales consignas de la Escuela Nueva, antecedente del constructivismo piagetiano, fueron:

› La atención al desarrollo de la personalidad, revalorando los conceptos de motivación, interés y actividad.

› La liberación del individuo, favoreciendo la cooperación, reconceptualizando la disciplina que constituyó la piedra angular del control ejercido por la escuela tradicional.

› La exaltación de la naturaleza.

› El desarrollo de la actividad creadora.

› El fortalecimiento de los canales de comunicación inter-aula. (Pansza Gonzáles y otros, 1993).

En el marco de esta escuela, surgieron nuevas propuestas de enseñanza: los jardines de infantes, los centros de interés, el aula como centro de actividad, la necesaria conexión entre familia y escuela, la creación de materiales que desarrollaran los sentidos y la inteligencia de los niños.

La crítica mayor a este movimiento fue su paidocentrismo, la educación centrada en cada alumno individualizado desde sus intereses, lo cual implicó una serie de transformaciones en la organización escolar, en los métodos y en las técnicas pedagógicas.

Esta pedagogía, más allá de sus buenas intenciones, no logró cambiar lo fundante de la escuela tradicional, lo cual ratifica el decir de algunos autores, sobre que el problema de la educación no es pedagógico sino político.

• Tecnocrática

Esta concepción tuvo una importante penetración en todo nuestro sistema educativo en las décadas de 1960, 1970. La escuela fue concebida como una empresa, con programas, planes y currículos prescriptos; los educadores fueron meros técnicos, creadores de estímulos para generar respuestas esperables y reforzamientos de conductas deseables, universales, que provocaron la homogeneización de la educación para que todos obtuvieran las mismas herramientas ante un mundo exigente en información y en tecnología, en correlación con las demandas del contexto centradas en la eficiencia y en el logro de un producto final de calidad.

El proceso estaba estrictamente planificado en pasos sucesivos hacia el rápido cumplimiento de los objetivos prefijados, comunes y pragmáticos, enmarcados en una metodología conductista, siguiendo el modelo propuesto por Skinner (1904-1990), sin influencias ideológicas o valorativas.

Se señalan tres elementos característicos de este pensamiento:

› Ahistoricismo.

› Formalismo.

› Cientificismo.

La educación, desde la perspectiva tecnocrática, deja de ser histórica y socialmente condicionada; se constituye en un accionar igual para todos los estudiantes, descontextualizado y pensado universalmente.

Este modelo, junto con el conductista, no tuvo en cuenta que eliminar lo afectivo-emocional es imposible en el proceso de enseñanza, al igual que la escuela del siglo XVII.

Puso el énfasis en la objetividad: la didáctica adquiere el carácter de valor instrumental; el profesor, en su rol, es un controlador de estímulos, respuestas y reforzamientos; se sigue una programación detallada, con una metodología vinculada a cada una de las disciplinas.

El proceso de enseñanza y aprendizaje se centra en aquello que puede ser controlado; sólo se tiene en cuenta lo explícito del contexto, no lo implícito. Surge así una nueva corriente, la tecnología educativa, comprendida por el uso de máquinas de aprender, neutral, aséptica, fundamentalmente pragmática, conductual, de corte empresarial; se jerarquiza lo conceptual, otorgando cierta relevancia a las destrezas, con particular interés en los objetivos y la eficacia de los resultados.

Si bien el modelo tecnocrático se opone al tradicional, no lo llega a superar; sólo es una modernización de este último, con la perspectiva de la eficiencia y del progreso.

• Crítica

En el siglo XX, surge un nuevo movimiento educativo, la pedagogía crítica. Uno de sus máximos representantes fue Paulo Freire (1921-1997), quien cuestionó los principios de las escuelas tradicional, nueva y tecnocrática.

El *pensamiento crítico* es el que permite desarrollar en la persona la capacidad para deliberar y discernir, formar un juicio propio, y poder así reflexionar, abstraer, elegir libremente.

El objeto de esta concepción es la interacción con otros, el trabajo comunitario, participativo; no existe educación sin sociedad, ni hombre que pueda ubicarse fuera de ella.

La pedagogía debe ser una práctica que promueva la libertad y la democracia; en ese orden de ideas, es esencial pensar en la pedagogía crítica como facilitadora para alcanzar dichos objetivos que cambian realidades sociales. Así, cuando se habla de crítica, nos referimos a la formación de una consciencia crítica (Freire, 1969, p. 72).

Sus fundamentos se basan en que el problema de la educación no es teórico sino eminentemente político.

Toma conceptos tales como el autoritarismo, lo ideológico, el poder, y los hace centrales en el marco de la didáctica crítica. En su propuesta de enseñanza, los estudiantes cuestionan y desafían el adoctrinamiento y la disciplina de la escuela tradicional, como así también las creencias y las prácticas que la generan.

Jerarquiza el rol del docente y su formación didáctica; esta última es central para poder transformar las enseñanzas, sin dejar de lado el cuestionamiento a la escuela, su organización, sus objetivos, sus fines, su currículo y sus diferentes relaciones.

Giroux (1990) propone que los docentes puedan adquirir la categoría de intelectuales transformativos, para lograr que "lo pedagógico sea más político, y lo político más pedagógico" (p. 177).

"Las instituciones se manifiestan por los comportamientos y modos de pensamiento que asumen los individuos que la integran" (Pansza Gonzáles, 1993, p. 15). En consecuencia, el análisis institucional es central, pues permite reconocer los conflictos de sus actores, determinantes del hecho educativo, y analizarlos.

A fines del siglo XX, con particular énfasis en este siglo XXI, surge una teoría de enseñanza paradigmáticamente representada por la *inclusión educativa*; llega a nuestro país, como nueva concepción de enseñanza, a fines de 1990, principios del 2000.

Es la educación inclusiva la que se centra en la atención a la diversidad de los alumnos desde una perspectiva pedagógico-didáctica, jerarquizando el rol del educador a partir de su intervención socioconstructiva. Es un movimiento basado en principios fundantes de respeto, solidaridad y aceptación a todos, independientemente de sus diferencias sociales, culturales, intelectuales, para todos aquellos que enseñan y aprenden en la escuela.

Es una nueva visión educativa, fundamentada en los derechos humanos, particularmente referida a los sectores socioeconómicos más vulnerables y a las personas con discapacidad, basada en valores.

• Socioconstructiva

La educación inclusiva, nuevo paradigma educativo, tiene como fundamento de sus prácticas de enseñanza la concepción socioconstructivista, la cual debe ser comprendida como una suma de teorías convalidadas por medio de estrategias dinámicas en el aula y en la escuela, que tienen como objetivo atender a la diversidad de los alumnos en forma proactiva, considerando lo diverso no como un obstáculo sino como una oportunidad para mejorar la calidad de los que enseñan y aprenden.

Esta suma de teorías parte del principio que se refiere a la importancia de la actividad constructiva del alumno, en la realización de sus aprendizajes, y en el de la intervención constructiva de parte de los enseñantes.

Para comprender el pensamiento socioconstructivo, es necesario hacerlo holísticamente. La palabra "holístico", en su acepción más general, deriva de *holismo*, que significa completo, entero; tiene una fundamentación sociopedagógica próxima a la psicogénesis vigotskyana (paradigma de la inclusión), alejándose de la visión madurativo-biológica piagetiana (paradigma de la integración).

La holística es lo que pertenece al holismo corriente que analiza la realidad desde el punto de vista de las múltiples interacciones. El *holos* es el todo, hace referencia a contextos y complejidades que están en permanente dinámica. Cada situación está relacionada con otras realidades que producen situaciones que comprometen al todo; éste determina cómo se comportan las partes intervinientes, lo cual permite la posibilidad de que se analice cada componente en sus relaciones, y no en la individualidad de cada una; el énfasis está centrado en el contexto, en lo social.

Esta teoría debe ser considerada desde un esquema de conjunto, pues son varios los aportes que la constituyen conceptualmente: la psicología de la educación y de la instrucción, la teoría genética de Piaget (1896-1980), las teorías del procesamiento de la información y los enfoques cognitivos más recientes, la teoría de la asimilación de Ausubel (1918-2008) y la teoría sociocultural desarrollada a partir de los trabajos de Vigotsky (1896-1934) (Marchesi y Martín, 1998); a estas concepciones, se suman los aspectos emocionales y relacionales/sociales.

Desde el punto de vista del maestro/profesor, la propuesta de su tarea se basa en dos mecanismos básicos: uno es construir significados compartidos, y el otro es poder lograr la autonomía en el aprendizaje de sus alumnos, aprender a aprender, no solos sino también con otros; el proceso es enseñar y aprender, desde una relación asimétrica, colaborativa.

La unidad de análisis es la interactividad que se produce entre el profesor, el alumno y el contenido del aprendizaje. Para llevar a cabo esta tarea, el educador debe asumir un papel activo, apoyando los esfuerzos del alumno para que sus aprendizajes sean significativos, placenteros y socioconstructivos.

La enseñanza del maestro/profesor es comprendida en el marco de la relación de los conceptos de Zona de Desarrollo Próximo (ZDP) y andamiaje.

La ZDP es:

La distancia entre el nivel real de desarrollo, determinado por la capacidad de resolver independientemente un problema, y el nivel de desarrollo potencial, determinado a través de la resolución de un problema bajo la guía de un adulto o en colaboración con otro compañero más capaz (Vigotsky, 1979, p. 133).

El concepto de *andamiaje* está vinculado al de ZDP, hasta el punto en que, con frecuencia, se los ha confundido. La formulación original de este último concepto fue realizada por Woods, Bruner y Ross en 1976; consiste en una actividad que se resuelve colaborativamente: en un inicio, tiene un control mayor el maestro/profesor, que gradualmente lo delega en el estudiante. Es la ayuda la base de dicha acción que, como característica, tiende a una descentralización gradual entre el experto, conocedor del contenido, y el que aprende.

El profesor debe construir, recrear, compartir significados junto con sus alumnos. Adquiere relevancia la enseñanza como un proceso de ayuda al alumno, quien, a partir de sus saberes cotidianos, podrá acceder a los saberes escolarizados que constituyen el currículo, explicitados en la programación del aula y en el proyecto curricular institucional.

La función mediadora del educador, en el triángulo didáctico contextualizado, entre el contenido y el alumno, consiste en ir aportando a la situación de aprendizaje significados, para que el estudiante, mediante mecanismos semióticos, adquiera ciertas competencias cognitivas que gradualmente podrá interiorizar, para luego regularlas de manera autónoma; la clave es el traspaso progresivo del control y la construcción de sistemas de significados compartidos.

El proceso de enseñanza y aprendizaje basa su accionar en dos pilares fundamentales: uno, de carácter intelectual, cognitivo, en el cual están involucrados los contenidos a enseñar, otro, el afectivo-social, que se vincula con la relaciones emocionales y de empatía, individuales y colectivas entre alumnos, entre docentes, entre docentes y alumnos, entre alumnos y docentes; de aquí la importancia del trabajo colaborativo entre todos los actores involucrados en la institución educativa.

Para que un aprendizaje sea significativo, debemos considerar los conocimientos previos del niño/joven; éstos son aquellos que han ido adquiriendo a lo largo de su vida, familiar, comunitaria y escolar, o sea en su vida cotidiana (así los llamaba Vigotsky); por lo cual es central partir de aquello que saben, para integrar curricularmente el modo de interpretar la realidad e ir modificando en forma progresiva los aspectos intelectuales y socioemocionales.

El aula debe convertirse, desde el punto de vista heurístico, en una comunidad para aprender, en un espacio de interacción, participación, recreación, producción de significados, acercando la vida cotidiana a la vida escolar.

"Cuando un alumno aprende está construyendo significados nuevos que modifican sus esquemas de conocimiento, pero está también atribuyendo sentido a ese aprendizaje, es decir insertando estas relaciones en su esquema de intenciones, propósitos y expectativas" (Marchesi y Martín, 1998, p. 312).

El sentido se refiere a las intenciones, los propósitos, las voluntades, las aspiraciones, los deseos, los intereses, las esperanzas y las expectativas con las que se enfrenta el estudiante al aprendizaje, constituyéndose en una variable fundamental para el éxito de éste.

Finalmente, el tercer vértice del triángulo didáctico, que está constituido por el contenido curricular, se fundamenta en tres dimensiones:

› *La relevancia social y cultural* es tener en cuenta la importancia de los contenidos a seleccionar a partir de aquellos que se consideren imprescindibles para la sociedad, al ser llevados a cabo en un determinado grupo social. Asimismo, se remite a la funcionalidad de éstos, entendida como la relación entre aquello que debe ofrecer la escuela y los intereses, las necesidades y las expectativas de los alumnos, y el contexto en el que están insertos.

› Ausubel (Ausubel y otros, 1983) es uno de los autores que hace referencia a la importancia de *la estructura y coherencia interna* curricular, cuando lo hace a través de sus conceptos de la significatividad lógica y psicológica que deben tener los contenidos seleccionados para los estudiantes. *Significatividad lógica* del material alude a que, cuando el maestro lo presenta al educando, debe estar organizado coherentemente, en un cuerpo único conceptual, no fragmentado, y la *significatividad psicológica* a que el alumno vincule el nuevo conocimiento, saber científico, con los anteriores, saber cotidiano. Finalmente, los aportes ausubelianos hacen referencia al concepto de adhesión emocional en el momento de aprender, lo que, en términos de enseñanza y aprendizaje, implica que el aprendiz debe estar motivado, interesado para adquirir nuevos conocimientos, por lo cual se requiere una participación activa del docente, donde la atención se centra en el cómo se adquieren los aprendizajes.

› Finalmente, en relación con *la naturaleza del contenido*, no es lo mismo enseñar o aprender un contenido conceptual que uno procedimental o un valor; de aquí la importancia de su origen y sus características epistemológicas, tanto para el educador como para el educando. "Por lo tanto, la naturaleza del contenido, su tipología, es otro de los requisitos que es preciso tener en cuenta en la planificación y el desarrollo de la actuación docente" (Coll y otros, 1992).

La concepción teórica de la didáctica socioconstructiva implica estar, dar y recibir a través de la cultura colaborativa, respetando y valorando la diversidad como la posibilidad de lograr mejores procesos de enseñanza y aprendizaje por parte de todos los actores involucrados en la comunidad educativa.

Este marco teórico se implementa por medio de estrategias didácticas, estrategias de enseñanza, comprendidas como el conjunto de las acciones que realiza el docente, las cuales tienen una clara y explícita intencionalidad pedagógica.

Las estrategias de enseñanza no siempre son intenciones explícitas, aunque estén planificadas, ya que la tarea del docente en el aula y en la escuela se encuentra atravesada por múltiples variables cada vez más complejas que requieren, con frecuencia, ayuda de otros colegas que, desde la educación inclusiva, deberían ser acordadas y abordadas colectivamente mediante el trabajo colaborativo, junto con otros.

El educador lleva a cabo sus enseñanzas no siempre con claridad conceptual, esto es, lo hace sin explicitación de los fundamentos teóricos que guían sus prácticas, por lo cual desarrolla ciertas estrategias más cercanas a lo empírico que a lo académico, lo cual dificulta la búsqueda de acuerdos curriculares entre el grupo de maestros/profesores de la institución.

Por este motivo, es necesario acordar la elaboración grupal del proyecto curricular, a partir del qué, el cómo y el cuándo enseñar y evaluar. Es condición, entonces, pensar en los componentes de la estrategia didáctica y, desde ellos, convenir cuáles son los elementos constitutivos que no pueden faltar y sus relaciones en el momento de enseñar.

Bixio (2002) indica, como componentes, básicos de la estrategia didáctica, los siguientes:

1. El estilo de enseñanza.

2. El tipo de estructura comunicativa.

3. El modo de presentar los contenidos del aprendizaje.

4. La consigna.

5. Los objetivos y la intencionalidad educativa.

6. La relación que establece entre los materiales y las actividades.

7. La relación que el docente pudo realizar entre su planificación, el proyecto institucional y el currículum.

8. Las representaciones que tiene el docente acerca de la funcionalidad de los aprendizajes que promueve.

9. Los criterios a partir de los cuales realiza la evaluación.

10. Las representaciones cognoscitivas y afectivas del docente.

A los componentes descriptos, habría que sumar las condiciones mínimas que deben asumir estas estrategias, que son indicadores explícitos de buenas prácticas de enseñanzas inclusivas, comprendidas como aquellas acciones educativas que benefician a los estudiantes cuando aprenden; no tienen sólo que ver con aquello que se realiza en el aula, sino también en la escuela, a partir de una teoría o de una concepción de la enseñanza (Tomé, 2010b). Algunas de ellas son:

1. Partir de una planificación posible.

2. Contemplar los aspectos motivacionales de todos, y las ganas de enseñar y aprender.

3. Organizarse alrededor de objetivos comunes para todos los alumnos, es decir, tratar de lograrlos para la gran mayoría de los integrantes de los que allí aprenden.

4. Que los contenidos partan de aspectos de la realidad de los alumnos, es decir, de la vida familiar, social, escolar, de los medios de información y comunicación.

5. Ensamblar los conceptos cotidianos con los cuales llega el alumno a la escuela con los científico-curriculares que propone el maestro/profesor.

6. Evaluar permanentemente, para privilegiar el proceso y no el producto.

7. Contextualizar las prácticas en relación con la realidad del alumno y del docente.

8. Contemplar distintos tipos de agrupamiento: individual, en pareja, pequeño grupo, grupo grande.

9. Prever el uso de diferentes configuraciones de apoyos y singularizar a los alumnos a través de ellos.

10. Vincular conceptualmente los proyectos Educativo, Curricular Institucional y de Ciclo.

11. Coherentizar la propuesta y el hacer.

12. Flexibilizar y adaptar.

13. Proponer estrategias metacognitivas, tanto al alumno como al docente, durante el proceso de enseñanza y aprendizaje.

14. Responder a una concepción socioconstructiva, con particular énfasis en el trabajo colaborativo entre todos los actores de la institución educativa y su comunidad. (Tomé y Köppel, 2009).

No habrá mejora sin el maestro. El mayor problema en la enseñanza no es liberarse de los "fósiles", sino crear, retener y motivar a los buenos docentes a lo largo de su carrera. Para ello es necesario:

› el juicio autorizado como esencia del profesionalismo;

› las culturas del trabajo en equipo;

› las normas de mejora sostenidas, donde las nuevas ideas se buscan dentro y fuera del escenario propio;

› la reflexión en, sobre y para la práctica, en la que se respeta el desarrollo personal e individual, junto con la evaluación y el desarrollo colectivos;

› una mayor destreza, eficacia y satisfacción en la profesión docente (Fullan y Hargreaves, 1996, p.109).

En síntesis: las teorías de enseñanza presentadas han sido seleccionadas entre las más frecuentes en las prácticas de aula desde fines del siglo XVII hasta el XXI (Pansza Gonzáles, 1993), continuando en Argentina hasta el presente.

Ellas son: la tradicional, la tecnocrática, la constructiva, la crítica y la socioconstructiva. En la tabla siguiente, se explicitan algunas características de las teorías expuestas en relación con sus aspectos prácticos en el aula. (Ver Tabla 3).

⋯⟩ TABLA 3

• TEORÍAS DE ENSEÑANZA. CARACTERÍSTICAS GLOBALES

DIDÁCTICA TRADICIONAL	DIDÁCTICA TECNOCRÁTICA	DIDÁCTICA CRÍTICA	DIDÁCTICA CONSTRUCTIVA	DIDÁCTICA SOCIO CONS-TRUCTIVISTA
Modelo disciplinador y normativo.	Modelo instruccional de enseñanza eficiente y eficaz, de base pragmática.	Modelo crítico: acción-reflexión.	No directivo.	Más directivo. Modelo de enseñanza más explícita que orienta la acción.
Se basa en el asociacionismo y el sensualismo. Se priorizan la memoria y la repetición.	Se basa en la Psicología conductista (enseñanza = estímulo ↓ aprendizaje = respuesta)	Se basa en concepciones sociales y filosóficas. Pensamiento reflexivo, crítico.	Se basa en la psicogénesis piagetiana. Se crean condiciones (situaciones problemáticas) para aprender.	Se basa en la sociogénesis vigotskyana. Se promueve y atiende la variedad de interacciones.
Jerarquización del orden y la autoridad por parte del maestro.	Relevancia del método. El educador prescribe líneas de acción conforme con pasos y medios determinados.	El maestro promueve el trabajo activo, crítico y colaborativo.	El maestro promueve el trabajo individual y la interacción entre pares.	El maestro promueve el potencial de los alumnos sociocolectivamente.
El docente en posesión de un saber de tipo enciclopédico.	El docente técnico indica los procedimientos a seguir.	El docente, investigador del conocimiento junto con sus alumnos.	El docente, mediador y facilitador del aprendizaje.	El docente interviene socioconstructivamente en el proceso del aprendizaje.

DIDÁCTICA TRADICIONAL	DIDÁCTICA TECNOCRÁTICA	DIDÁCTICA CRÍTICA	DIDÁCTICA CONSTRUCTIVA	DIDÁCTICA SOCIO CONS-TRUCTIVISTA
El educador adscribe a un modelo académico de la disciplina que transmite.	El docente se presenta como experto en las formas y los procedimientos a seguir.	El maestro motiva junto con los estudiantes el trabajo autónomo y responsable.	El educador incentiva el potencial creador de los educandos, individualmente en un contexto social.	El maestro organiza los tiempos para la construcción colectiva del aprendizaje, sin desmedro de la actividad psicológica individual.
Los conocimientos que imparten se exponen como universales.	El docente controla qué, cuánto y cómo se debe aprender en un lapso dado.	El docente es constructor colectivo del conocimiento.	El maestro guía, orienta al estudiante para la construcción del conocimiento individual.	El docente, más allá del diagnóstico —nivel de desarrollo actual de los alumnos—, anticipa niveles de desarrollo potencial. Organiza y monitorea situaciones para la construcción de la ZDP. Crea ZDP.
Modelos de enseñanza magistral centrados en la exposición de los contenidos de la disciplina o materia.	Modelo de enseñanza en que el docente experto comunica cómo se resuelven los problemas de su campo de dominio específico.	Las situaciones de enseñanza están basadas en situaciones problemáticas contextualizadas.	En la enseñanza, el docente observa qué aprenden los estudiantes y da posibilidades para que cada uno desarrolle su ZDP. El docente no crea dichas zonas.	El educador, en el momento de enseñar, interviene en la ZDP junto con otros.

DIDÁCTICA TRADICIONAL	DIDÁCTICA TECNOCRÁTICA	DIDÁCTICA CRÍTICA	DIDÁCTICA CONSTRUCTIVA	DIDÁCTICA SOCIO CONSTRUCTIVISTA
El docente dice la materia que deben aprender los estudiantes.	La enseñanza se centra en los saberes específicos sobre los modos de abordar los objetos del mundo, desvinculados de los contextos concretos y de su aplicación.	El educador apela a las múltiples fuentes del conocimiento.	El maestro responde a preguntas y necesidades emergentes. Ayuda a examinar hechos disponibles, a evaluar convicciones.	El educador introduce y moviliza procesos para la construcción de un nuevo conocimiento colaborativamente.
	El que sabe mide las capacidades de los alumnos.	Se incentiva la palabra a través del diálogo, y de la lectura y la escritura.	No se induce ni se controlan procesos, se respeta el tiempo del que aprende. Propone liberar, no forzar a los alumnos.	Se ayuda en la construcción conjunta del conocimiento, consciente de la relación asimétrica respecto de los alumnos.
Se pregunta para evaluar memoria en relación con el conocimiento dado.	Se formulan preguntas para obtener sólo una respuesta posible.	Se valorizan las preguntas y las respuestas de todos los actores.	Se formulan preguntas mediante el método clínico para generar el conflicto cognitivo.	Se formulan preguntas para elaborar respuestas colectivas.
			No se ofrece como modelo, interviene lo menos posible. Se muestra receptivo frente a las demandas y/o las iniciativas de los estudiantes.	Se ofrece en principio como modelo y está atento a transferir la responsabilidad de la acción a sus alumnos.

(Fuente: elaboración propia).

4. LA EVALUACIÓN DESDE LA INCLUSIÓN EDUCATIVA

Evaluar significa emitir un juicio de valor. Su proceso y su producto implican una permanente retroalimentación, tanto para el educando como para el educador.

Evaluar no sólo está vinculado con los aprendizajes de los estudiantes sino también con las enseñanzas de maestros y profesores, de tal manera que se puedan redireccionar las acciones en relación con los objetivos y los propósitos planteados con anticipación, sin perder de vista la direccionalidad en términos socioconstructivos.

Conlleva implicancias éticas e ideológicas que se fundamentan en diversas teorías y prácticas. Es un hecho complejo, que determina una tarea en la cual no es siempre posible detectar certezas.

Así como la forma de entender los procesos de enseñanza y de aprendizaje condiciona la práctica evaluativa, el estilo que se impone en la práctica queda en evidencia en las concepciones y los métodos de instrucción.

Ante las preguntas para qué, qué y cómo evaluar, se encuentran diversas respuestas desde diferentes marcos teóricos (Marchesi. y Martín, 1999).

A. El modelo psicométrico se corresponde con la concepción conductista, racional-científica, que define al currículum como programación por objetivos, donde se evalúan diferentes habilidades para medir las capacidades de los alumnos y poder compararlos entre sí con pruebas a las que se prioriza por sus aspectos técnicos, fiabilidad, validez y capacidad de generalización. Para este paradigma tecnológico/positivista, la evaluación puede tener alguna de las siguientes funciones (Santos Guerra, 1998):

• *Control:* la evaluación permite controlar la presencia de ella misma en el sistema y la superación de sus dispositivos de garantía, para que se cumplan.

• *Selección:* el sistema educativo va dejando fuera a quienes no superan las pruebas y va eligiendo a quienes son capaces de superarlas.

• *Comprobación:* permite saber si se han conseguido los objetivos propuestos, según una escala de valoraciones. La superación de las pruebas sirve de garantía social.

• *Clasificación:* como la evaluación tiene distintos referentes comparativos —los que aprueban y los que no, por ejemplo—, los resultados permiten clasificar a los alumnos.

• *Acreditación:* aprobar la evaluación conduce a la acreditación, y superar la media es un indicador relevante.

• Jerarquización: la evaluación encierra poder porque quien evalúa impone criterios, aplica pruebas y decide cuáles han de ser las pautas de corrección. Puede, incluso, negarse a compartirlas y discutirlas con los alumnos.

B. Los modelos constructivistas y cognitivos destacan la importancia de focalizar la evaluación en las capacidades de razonamiento de nivel superior y la significatividad de los aprendizajes para la resolución de problemas y la construcción de nuevos conocimientos.

Estos últimos son solidarios con la concepción del currículo como un diseño abierto, en constante reelaboración y construcción; planteamiento al que algunos autores han denominado reconceptualización del currículo, dado que se vuelven a considerar los objetivos del conocimiento como elementos fundamentales de la propuesta de enseñanza. En estos modelos, la evaluación debe centrarse en los procesos desarrollados durante la intervención didáctica, no sólo en los resultados.

En la perspectiva ética de la evaluación constructivista, el papel de la objetividad se interpreta desde la lógica del observador. Desde una posición socioconstructiva y crítica, el currículo se define como proceso de investigación e interacción dialéctica entre teoría y práctica, cuyo objetivo es cambiar la teoría a través de la práctica, y ésta, a través de la teoría. Para ello, es muy importante el concepto de la ética de la evaluación (House, 1994).

En consecuencia, la evaluación tendrá como función recoger los datos necesarios para reelaborar el currículo, convirtiéndose en un elemento de diagnóstico que nos dirá qué tipo de ayuda necesitan cada alumno y el profesor en su contexto, lo que afectará no sólo a ellos sino a todos los componentes del sistema.

Desde esta perspectiva crítica reflexiva, la evaluación es entendida como un proceso, y no como un momento final.

Siguiendo a Santos Guerra (1998), para el paradigma crítico/reflexivo, las funciones de la evaluación son las siguientes:

- *Diagnóstico:* la evaluación entendida como un proceso de análisis permite conocer cuáles son las ideas de los alumnos, los errores en los que tropiezan, las principales dificultades con las que se encuentran, los logros más importantes que han alcanzado.
- *Diálogo:* la evaluación puede convertirse en una plataforma de debate sobre la enseñanza.
- *Comprensión:* la evaluación es un fenómeno que facilita la comprensión de lo que sucede en el proceso de enseñanza y aprendizaje.
- *Retroalimentación:* la evaluación permite la reorientación de los procesos de enseñanza y aprendizaje. No sólo en lo que se refiere al trabajo de los alumnos, sino también a la planificación de la enseñanza, a la modificación del contexto o a la manera de trabajar de los profesionales.

• *Aprendizaje:* la evaluación permite al profesor saber si la metodología es adecuada, si los contenidos son pertinentes, si el aprendizaje que se ha producido es significativo y relevante para los alumnos.

Dentro de esta concepción, la evaluación formativa se orienta a recoger datos del proceso de enseñanza y aprendizaje, con el objetivo de mejorarlo. A diferencia del modelo anterior, no es retrospectiva sino prospectiva, en tanto su preocupación se dirige a mejorar lo que queda por realizar. Si bien no desconoce a la evaluación sumativa, lo que distingue a este modelo del anterior es el peso que se le da a la evaluación formativa (Tomé y Köppel, 2010).

• Evaluación y contexto

En el marco de la educación inclusiva, y desde una concepción de la enseñanza socioconstructiva, es necesario —en el momento de evaluar a los alumnos— hacerlo en su contexto, teniendo en cuenta los aportes de los distintos equipos intervinientes y considerando la doble perspectiva, la de carácter individual y la del entorno.

Desde el punto de vista individual, primera dimensión, es importante la información en relación con las peculiaridades del desarrollo, ya que es determinante para luego proponer acciones a corto y mediano plazo.

Con los aportes de todos los involucrados, se deben identificar y valorar las capacidades específicamente desarrolladas hasta ese momento por los alumnos en relación con los contenidos curriculares (competencia curricular) y con la necesidad de andamiaje entre el nivel de desarrollo real y el potencial; es decir, entre lo que el niño puede aprender solo y lo que puede con ayuda de otros (pares, adultos).

Es una evaluación que debe implementarse dentro del salón junto con sus compañeros, pues da cuenta de los logros alcanzados y las limitaciones a lo largo de su paso por el aula y la escuela. Esta información se conoce con el nombre de *competencia curricular*.

Asimismo, deben considerarse los estilos de aprendizaje de cada alumno, ya que son el conjunto de aspectos que conforman la manera de aprender.

Para la evaluación, se consideran variables no sólo en relación con lo cognitivo sino también con lo afectivo-social, constituyéndose en un instrumento esencial a la hora de pensar en futuras propuestas educativas singulares, dadas las características de cada alumno, contextualizadas en el ámbito áulico-escolar.

Finalmente, no se puede dejar de considerar la segunda dimensión de esta evaluación referida a las cuestiones del entorno, es decir, contextuales tanto del aula como de la escuela, de la familia y del medio social. Si bien éstas últimas deben ser tenidas en cuenta dentro de la primera dimensión, debido a la multiplicidad de relaciones que hay entre alumno, núcleo familiar, dificultades de aprendizaje y escuela.

Para ello, es importante contar con distintos instrumentos: entrevistas, que permitan dar cuenta de un relevamiento social (segunda dimensión), necesario para ayudar a la contextualización de ese alumno en particular (primera dimensión), en su medio, entorno, realidad. Ya habíamos mencionado anteriormente que éstos son los aspectos a considerar en una evaluación holística de necesidades educativas. Ver Tabla 4.

ASPECTOS DE DESARROLLO	COMPETENCIA CURRICULAR
- Biológico. - Intelectual. - Inserción social. - Comunicación y lenguaje.	- Nivel actual de capacidad en relación con aquellas situaciones curriculares en donde el alumno presenta mayores dificultades.

ESTILO DE APRENDIZAJE Condiciones físico-ambientales más adecuadas.
- Tipos de agrupamientos preferidos. - Estrategias de aprendizaje que emplea.   Contenidos y actividades que le interesan. - Capacidad atencional. - Estructura motivacional.

EVALUACIÓN DE NECESIDADES EDUCATIVAS: ASPECTOS BÁSICOS	
CONTEXTO ESCOLAR	**CONTEXTO SOCIO-FAMILIAR**
a. AULA: - Pertenencia de la programación en relación con el alumno. - Pertinencia de las interacciones. b. CENTRO: - Existencia y adecuación del proyecto curricular. - Clima social e interacciones. - Etc.	a. ALUMNO: Autonomía en el entorno; medio de comunicación; interacciones familiares, aficiones... b. FAMILIA: Hábitos y prácticas educativas; actitud y expectativas respecto al niño/niña; conocimiento de su problemática... c. ENTORNO SOCIAL: Recursos de que dispone; posibilidades educativas...

Figura 3. Evaluación de las necesidades educativas.
Fuente: Aspectos básicos relativos al alumno en la evaluación
de Necesidades Educativas Especiales (Blanco et al., 1996).

De la tabla anterior se desprende una concepción de la evaluación estratégica que permite evidenciar no sólo los aspectos del desarrollo, sino, y fundamentalmente, del medio, el contexto en el cual el alumno está inserto (Tomé y Köppel, 2010).

Esta evaluación podría completarse a partir de los protocolos propuestos por Thomas Armstrong (1999), sobre inteligencias múltiples. Su maestro, Howard Gardner, criticó el hecho de evaluar la inteligencia de un alumno fuera de su contexto habitual, para llevarlo a otro ajeno a su realidad, en una severa crítica al modelo psicométrico, perteneciente al paradigma del déficit.

Dichos protocolos deben ser complementarios de otros instrumentos, como entrevistas, observaciones, diarios de clase, cuestionarios, para desprender de ellos tanto información descriptiva como explicativa.

La teoría de las inteligencias múltiples es un modelo propuesto por Howard Gardner, de la Universidad de Harvard (1993), que da la posibilidad de pensar que a un niño/joven no se le puede enseñar, ni tampoco él va a aprender de una única manera, como nos lo indica la tradición escolar, con particular énfasis en lo lingüístico o lo matemático; sino que puede hacerlo a través de distintas estrategias, expresadas fundamentalmente desde sus diferentes capacidades y posibilidades.

Estas capacidades son de distinto nivel de generalidad y, al definirlas, se convierten en una destreza que se puede desarrollar, que se puede enseñar y aprender.

Al igual que con los estilos de aprendizaje, no hay un solo tipo de inteligencia, sino que conviven varias, si bien hay tendencias observables en el devenir de la biografía de las personas a partir de sus experiencias, sus vivencias personales y profesionales, y su propia historia de vida. Desde la teoría de las inteligencias múltiples, se reconoce lo social sin negar lo genético, concepción coincidente con otras teorías del aprendizaje.

Hasta la fecha, Howard Gardner y su equipo han identificado ocho tipos distintos de inteligencia, según Prieto Sánchez y Ferrándiz García (2001):

1. *Inteligencia lingüística:* la que tienen los escritores, los poetas, los buenos redactores. Utiliza ambos hemisferios cerebrales.

2. *Inteligencia lógico-matemática:* utilizada para resolver problemas de lógica y matemáticas. Es la inteligencia que tienen los científicos. Se corresponde con el modo de pensamiento del hemisferio lógico y con lo que la cultura occidental ha considerado siempre como la única inteligencia.

3. *Inteligencia espacial:* consiste en formar un modelo mental del mundo en tres dimensiones; es la inteligencia que tienen los marineros, los pilotos, los ingenieros, los cirujanos, los escultores, los arquitectos o los decoradores.

4. *Inteligencia musical:* permite desenvolverse adecuadamente a cantantes, compositores, músicos y bailarines.

5. *Inteligencia corporal-kinestésica:* o capacidad de utilizar el propio cuerpo para realizar actividades o resolver problemas. Es la inteligencia de los deportistas, los artesanos, los cirujanos y los bailarines.

6. *Inteligencia intrapersonal:* permite entenderse a uno mismo y estar abierto al diálogo con los demás. Se la suele encontrar en los buenos religiosos, vendedores, políticos, profesores o terapeutas.

7. *Inteligencia interpersonal:* es la inteligencia que tiene que ver con la capacidad de entender a otras personas y trabajar con ellas.

8. *Inteligencia naturalista:* utilizada cuando se observa y estudia la naturaleza, con el motivo de saber organizar, clasificar y ordenar. Es la que demuestran los biólogos o los herbolarios.

Todas son importantes; a la hora de presentarlas, no hay una jerarquización entre ellas.

Dentro de esta concepción, adquiere un valor relevante la observación participante, en la búsqueda de una comprensión totalizadora de cada alumno, teniendo en cuenta su contexto actual, su historia y las interacciones subjetivas, en desmedro de la concepción tecnocrática, que siempre apeló, como característica esencial, a la objetividad científica.

Es importante observar al alumno en relación con sus logros durante el proceso, ya que privilegiamos el cómo sobre el qué obtuvo.

Una vez evaluado y determinado el tipo de necesidades educativas que presenta el alumno, desde una perspectiva pedagógico-didáctica, a cargo de docentes, se sumarán otros profesionales con pertenencia intra e interinstitucional, quienes en forma conjunta determinarán el tipo de ayudas y apoyos necesarios para abordar a ese niño/joven escolarmente.

A partir de todos los actores involucrados, profesionales de la educación, de la salud, y la familia, se procederá a elaborar, con el equipo interviniente, de manera colaborativa, las configuraciones de apoyo necesarias, acordes con las necesidades del evaluado y su entorno, con la finalidad de diluir o eliminar las barreras al aprendizaje y la participación a partir del diagnóstico realizado.

5 MARCO NORMATIVO DE LA EDUCACIÓN INCLUSIVA

Desde fines de la década de 1980, con particular énfasis a partir de 1990, en Estados Unidos de Norteamérica primero y en Europa después, desde distintas organizaciones no gubernamentales y profesionales, hubo una severa crítica a los paradigmas educativos vigentes, lo que originó el movimiento de la educación inclusiva.

A partir de ese momento, organismos internacionales y nacionales se sumaron a esta nueva iniciativa, organizando encuentros y proponiendo marcos normativo-legales fundamentados en los derechos humanos y en el principio de que las personas con discapacidad son sujetos de derecho.

Encuentros internacionales, desde la década del 1990 hasta el presente, promovidos por Naciones Unidas (ONU), la Organización de las Naciones Unidas para la Educación, la Ciencia y la Cultura (UNESCO), la Organización de los Estados Americanos (OEA), la Organización de Estados Iberoamericanos (OEI), la Oficina Regional de Educación para América Latina y el Caribe (OREALC), entre otros, que acordaron en proponer un sistema educativo único, inclusivo, para todos, con particular referencia a sectores socioeconómicos vulnerables, personas de la tercera edad y discapacitados.

Entre los más relevantes, se pueden mencionar: la Convención de las Naciones Unidas sobre los Derechos del Niño (1990); la Declaración Mundial sobre Educación para Todos, en Jomtien, en Tailandia (1990); la Conferencia Mundial sobre Necesidades Educativas Especiales: Acceso y Calidad, en Salamanca (1994, España); el Informe realizado por la Comisión Internacional sobre Educación para el Siglo XXI, presidido por Delors (1996); el Marco de Acción de Dakar (2000), en Senegal; la Convención Internacional de la ONU sobre los Derechos de las Personas con Discapacidad (2006); la conferencia internacional La Educación inclusiva: vía para favorecer la cohesión social, Madrid (2010).

En Latinoamérica, cabe reseñar la Declaración de Tarija, en Bolivia, a la cual asistieron los ministros de Educación de Iberoamérica reunidos en la XIII Conferencia Iberoamericana de Educación 2003, que sumó la perspectiva de la educación inclusiva para todos los países de la región; y la Declaración de la XX Cumbre Iberoamericana, en Mar del Plata (2010), Argentina, que hace referencia a la educación inclusiva.

En el marco de los acuerdos internacionales, Argentina se sumó internamente a la decisión de organizar un servicio educacional que contemplara la atención a la diversidad de todos los alumnos, incluidas las personas con discapacidad. Para ello, se formalizaron leyes, normas y ordenanzas desde las políticas públicas, con el fin de hacer efectiva una escuela desde y para la diversidad.

En Argentina, los derechos a la educación de sus ciudadanos están claramente explicitados en la Constitución Nacional (1994), con particular referencia en el artículo 14 ("garantiza que todos los habitantes de la Nación gozan de los siguientes derechos conforme a las leyes que reglamenten su ejercicio; a saber: de enseñar y aprender") y en el 19 ("… Sancionar leyes de organización y de base de la educación que garanticen los principios de gratuidad y equidad de la educación pública estatal").

A la Constitución Nacional, se suma la Ley de Educación Nacional, del 2006, que en su artículo 11, así como en el Capítulo VIII, explicita que la Educación Común en su conjunto, y la Especial en particular, se rigen por el principio de inclusión educativa.

En un análisis retrospectivo histórico de la Educación Especial en Argentina, a partir del Año Internacional de los Impedidos (1981), se inician los planteamientos incipientes de normalización e integración; pero fue en la década de 1990, y particularmente en la del 2000, la definitiva, cuando se propuso un nuevo sistema educativo fundamentado en la educación inclusiva.

Por este motivo, Argentina adhirió a la Convención Internacional de la ONU sobre los derechos de las personas con discapacidad (2006), que desde el 2008 tiene carácter de ley nacional. A esta última se pueden sumar otros marcos normativos nacionales como son:

› La Ley de Protección General al Discapacitado N.º 22.431 (1981).

› El documento *Educación Especial, una modalidad del Sistema Educativo, en Argentina. Orientaciones* (2009).

› Y las Resoluciones del Consejo Federal de Educación (CFE):

• N.º 154/11, Pautas Federales para el mejoramiento de la regulación de las trayectorias escolares en el nivel inicial, primario y modalidades (2011).

• N.º 155/11, Modalidad de la Educación Especial (2011).

• N.º 174/12, Pautas Federales para el mejoramiento de la enseñanza y el aprendizaje, y las trayectorias escolares, en el nivel inicial, nivel primario y modalidades, y su regulación (2012).

• N.º 311/16, Promoción, acreditación, certificación y titulación de estudiantes con discapacidad (2016).

Argentina, desde hace 10 años (2006), se definió por la inclusión educativa, mediante la Ley de Educación Nacional, un camino a construir entre todos, basado fundamentalmente en principios éticos.

"La perspectiva más importante de la inclusión es aquella que *pretende transformar determinados valores en acción* tanto en la educación como en la sociedad" (Booth, 2010, p. 43).

Es un compromiso ideológico y político lo que explica el deseo de superar la exclusión y promover la inclusión.

En los últimos años, se generaron leyes, resoluciones, ordenanzas, que han regulado y regulan el funcionamiento del Sistema Educativo Nacional y de sus jurisdicciones, a partir de una escuela con y para todos:

› La educación primaria ha sido definida como inclusiva.

› La promoción y la acreditación de los niños por edad cronológica en el nivel inicial son una realidad.

› La promoción y no obligatoria acreditación de un alumno de un grado a otro en el nivel primario es una explícita flexibilidad de las trayectorias escolares.

› El ingreso al nivel secundario de todas las personas con discapacidad, más allá del grado de apoyo que necesiten, es un derecho.

› Todo estudiante diagnosticado con discapacidad mental leve que cursa en una escuela especial debe ser reintegrado en forma inmediata a la escuela primaria común.

Éstos son algunos indicadores, desde lo normado, de que la ruta de la inclusión educativa en Argentina comenzó.

En la Convención Internacional de la ONU sobre los Derechos de las Personas con Discapacidad (2006), en uno de los incisos de su artículo 24, expresa la necesidad de que los Estados Miembros implementen un sistema educativo inclusivo para todos los niveles de enseñanza, con miras a:

› Desarrollar plenamente el potencial humano y el sentido de la dignidad y la autoestima, y reforzar el respeto por los derechos humanos, las libertades fundamentales y la diversidad humana.

› Desarrollar al máximo la personalidad, los talentos y la creatividad de las personas con discapacidad, así como sus aptitudes mentales y físicas.

› Hacer posible que las personas con discapacidad participen de manera efectiva en una sociedad libre (Casanova, 2011).

En síntesis: se necesita, en relación con las personas con discapacidad, "estar alerta para, por un lado, reclamar y defender los derechos activamente junto a familias y organizaciones y, por otro, avanzar con decisión en la senda de la calidad de los apoyos y servicios, de su eficacia y eficiencia" (Verdugo y Schalock, 2013, p. 37).

• **REFERENCIAS**

Amstrong, T. (1999). *Las Inteligencias Múltiples en el aula*. Buenos Aires: Manantial.

Arnaiz Sánchez, P. (2003). *Educación inclusiva: una escuela para todos*. Málaga: Aljibe.

Arnaiz Sánchez, P. (2005). *Atención a la diversidad. Programación curricular*. San José de Costa Rica: Universidad Estatal a Distancia.

Arnaiz Sánchez, P. (2011). "Luchando contra la exclusión: buenas prácticas y éxito escolar". *Innovación educativa*, 21, 23-32.

Ausubel, D. P.; Novak, J. D., y Hanesian, H. (1983). *Psicología educativa: un punto de vista cognoscitivo*. México: Trillas.

Beltrán Llavador, F. (1995). "La institución escolar frente a lo público". Conferencia Seminario Internacional sobre *El estado de lo público*. Paraná-Entre Ríos: Argentina.

Bixio, C. (2002). *Enseñar a aprender*. Rosario: Homo Sapiens.

Bixio, C. (2013). *Maestros del siglo XXI*. Rosario: Homo Sapiens.

Booth, T. (2010). "La inclusión como marco para el desarrollo educativo: transformar los valores en acción", en F. Álvarez Luchía; T. Booth; A. Ligabúe; E. Litwin; C. Ruiz, y J. Tomé, *Escuelas inclusivas: un camino para construir entre todos*. Buenos Aires: Fundación Par, pp. 37-58.

Braslavsky, C. (2001). "Las políticas educativas frente a la revolución tecnológica en un mundo de interdependencias crecientes y parciales", en *Simposio internacional sobre la edu-*

cación y las nuevas tecnologías. Buenos Aires: International Institute for Educational Planning, p. 4.

Bruner, J. (1987). *La importancia de la educación*. Barcelona: Paidós.

Camilloni, A.; Cols, E.; Basabe, L., y Feeney, S. (2008). *El saber didáctico*. Buenos Aires: Paidós.

Camilloni, A.; Davini, M. C.; Edelstein, G.; Litwin, E.; Souto, M., y Barco, S. (1966). *Corrientes didácticas contemporáneas*. Buenos Aires: Paidós.

Casanova, M. A. (2011). *Educación inclusiva: un modelo de futuro*. Madrid: Wolters Kluwer.

Casullo, N. (1993). *El debate modernidad-posmodernidad*. Buenos Aires: Ediciones El Cielo por Asalto.

Coll, C. (1991). *Psicología y currículum*. Barcelona: Paidós Ibérica.

Coll, C., Pozo, J. I., Sarabia, B. y Valls, E. (1992). *Los contenidos de la Reforma. Enseñanza y aprendizaje de conceptos, procedimientos y actitudes*. Madrid: Santillana.

Cols, E. (2011). *Estilos de enseñanza*. Rosario: Homo Sapiens.

Donini, A. M. de. (1998) ¿Nuevo siglo, nueva escuela? *Los ejes de la cultura escolar en los inicios del 3.º milenio*. Buenos Aires: Santillana.

Echeíta Sarrionandia, G. (2006). *Educación para la inclusión o educación sin exclusiones*. Madrid: Narcea.

Feldman, D. (1999). *Ayudar a enseñar*. Buenos Aires: Aique.

Freire, P. (1969). *La educación como práctica de la libertad*. México: Siglo XXI.

Freire, P. (1993). *Pedagogía de la esperanza. Un reencuentro con la pedagogía del oprimido*. Buenos Aires: Siglo XXI.

Fullan, M. y Hargreaves, A. (1999). *La escuela que queremos. Los objetivos por los cuales vale la pena lucha*. Buenos Aires: Amorrortu.

Gadotti, M. (1998). *Historia de las ideas pedagógicas. Conclusión: retos de la educación pos-moderna*. Madrid: Siglo XXI.

Gardner, H. (1998). *Inteligencias múltiples. La teoría en la práctica*. Barcelona: Paidós.

Gimeno Sacristán, J. y Pérez Gómez, I. (1992). *Comprender y transformar la enseñanza. ¿Existe una definición de qué es currículo?* Madrid: Morata.

Giroux, H. (1990). *Los profesores como intelectuales. Hacia una pedagogía crítica del Aprendizaje*. Madrid: Centro de Publicaciones del Ministerio de Educación y Ciencia/Paidós Ibérica.

González Manjón, D. (1995). *Adaptaciones curriculares. Guía para su elaboración*. Málaga: Aljibe.

Gvirtz, S.; Grinberg, S., y Abregú, V. (2008). *La educación ayer, hoy y mañana. El ABC de la Pedagogía*. Buenos Aires: Aique.

House, E. (1994). *Evaluación, ética y poder*. Madrid: Morata.

Kuhn, T. S. (2004). *La estructura de las revoluciones científicas*. México: Fondo de Cultura Económica.

Litwin, E. (1997) *Las configuraciones didácticas. Una nueva agenda para la enseñanza superior*. Buenos Aires: Paidós.

Litwin, E. (2008). *El oficio de enseñar*. Buenos Aires: Paidós.

Marchesi, A. y Martín, E. (1998). *Calidad de la enseñanza en tiempos de cambio*. Madrid: Alianza.

Ministerio de Educación de la Nación (2009). *Educación especial, una modalidad del Sistema Educativo, en Argentina. Orientaciones.* Buenos Aires: Fundación MAPFRE, OEI.

Ministerio de Educación de la Nación (2011). *Modalidad de la Educación Especial. Resolución Consejo Federal de educación 155/11.* Buenos Aires.

Ministerio de Educación de la Nación (2012). *Pautas federales para el mejoramiento de la enseñanza y el aprendizaje y las trayectorias escolares, en el nivel inicial, nivel primario y modalidades, y su regulación. Resolución del Consejo Federal de Educación n° 172/12.* Buenos Aires: Ministerio de Educación de la Nación.

OEA-OEI (2010). *Declaración final de la XX Cumbre Iberoamericana "Educación para la inclusión social". Declaración de Mar del Plata.* Buenos Aires.

Pansza Gonzáles, M.; Pérez, E. C., y Morán, P. (1993). *Fundamentación didáctica.* Vol. I. México: Gernika.

Pardo, N. (1998). *Hacia la excelencia educativa. Informe al Concejo.* La Paz: Secretaría de Educación y Cultura de La Ceja.

Parra, C. (2006). "La escuela primaria nos concierne", en F. Terigi, *Diez miradas sobre la escuela primaria.* Buenos Aires: Fundación OSDE/Siglo XXI, pp. 25-53.

Pérez Gómez, A. (1999). *La cultura escolar en la sociedad neoliberal.* Madrid: Morata.

Poggi-Combaz, M. P. (2002). "L'illusion d'une éducation corporelle commune en éducation physique et sportive". *L'Année sociologique,* 52 (2), 479-505. París: PUF.

Prieto Sánchez, M. D. y Ferrándiz García, C. (2001). *Inteligencias múltiples y currículo escolar.* Málaga: Aljibe.

Rosas, R. y Sacristán, C. (1999). *Piaget, Vigotski y Maturana. Constructivismo a tres voces*. Buenos Aires: Aique.

Salvat Editores (1972). *Diccionario Salvat*. Barcelona.

Santos Guerra, M. A. (1998). *Evaluar es comprender*. Buenos Aires: Magisterio del Río de la Plata.

Stainback, S. y Stainback, W. (1999). *Aulas inclusivas*. Madrid: Narcea.

Tomé, J. M. (2010a). "Conclusiones: las buenas prácticas inclusivas", en F. Álvarez Luchía; T. Booth; A. Ligabúe; E. Litwin; C. Ruiz, y J. M. Tomé, *Escuelas inclusivas: un camino para construir entre todos*. Buenos Aires: Fundación Par, pp. 207-216.

Tomé, J. M. (2010b). "La educación inclusiva: un desafío con y para todos", en F. Álvarez Luchía; T. Booth; A. Ligabúe; E. Litwin; C. Ruiz, y J. M. Tomé, *Escuelas inclusivas: un camino para construir entre todos*. Buenos Aires: Fundación Par, pp. 28-35.

Tomé, J. M. y Köppel, A. (2008). *La diversidad en el proceso de enseñanza y aprendizaje*. Buenos Aires: Gobierno de la Ciudad, Ministerio de Educación.

Tomé, J. M. y Köppel, A. (2009). *El trabajo en el aula desde una perspectiva inclusiva*. Buenos Aires: Gobierno de la Ciudad, Ministerio de Educación.

Tomé, J. M. y Köppel, A. (2010). *Un currículum en común y diversificado*. Buenos Aires: Gobierno de la Ciudad. Ministerio de Educación.

UNESCO (1990). *Declaración mundial sobre la educación para todos. Satisfacción de las Necesidades Básicas de Aprendizaje*. Jomtien.

UNESCO (1993). *Las necesidades especiales en el aula. Conjunto de materiales para la formación de profesores.* París.

UNESCO (1994). *Declaración de Salamanca y marco de acción ante las necesidades educativas especiales.* París.

UNESCO (2008). *La educación inclusiva: el camino hacia el futuro.* Ginebra.

Varela, J. y Álvarez-Uria, F. (1991). *Arqueología de la escuela.* Madrid: La Piqueta.

Verdugo, M. A. y Schalock, R. L. (2013). *Discapacidad e inclusión.* Salamanca: Amarú.

Vygotsky, L.S. (1979). *El desarrollo de los procesos psicológicos superiores.* Barcelona: Crítica.

II.

FUNDAMENTOS FILOSÓFICOS Y SOCIOANTROPOLÓGICOS EN LA SOCIEDAD DEL CONOCIMIENTO

Silvia Mónica César

1 EL HOMÍNIDO DEL TERCER MILENIO

El primer acto de responsabilidad educativa ética es la interrogación que el docente se hace al ingresar a un espacio áulico y ubicarse en el lugar convencional del docente responsable

› ¿Quién es ese homínido sentado frente a mí?

› ¿Quién es mi interlocutor en este encuentro?

› ¿A quién le ofreceré la hospitalidad de mis saberes?

› ¿Que necesitará él de estos saberes que la sociedad ha pensado para él?

El primer círculo connotativo está dado por una imagen visual, indicadora de edad, contextura, perfil, que genera una percepción determinada de imagen mental; si utiliza la palabra, puede pensar, tal vez, como el sociólogo francés Pierre Bourdieu (2003), que a través de su expresión oral puedo incluirlo en una clase. Él expresamente dice *"la palabra te enclasa"*, y a partir de esta edificación cognitiva, que construimos generalmente los responsables de grupos educativos, comenzamos a preguntarnos: ¿cuáles serán sus significantes culturales?, ¿sus matrices de aprendizaje?

Tal vez a partir de interrogantes semejantes, como ¿nació antes del 2000 o ya en el transcurso del tercer milenio?, ¿nació antes o después de 1955, de la caída del muro de Berlín, de la caída de las torre gemelas?..., de cualquier manera, sea cual fuere su historia educativa o su historia de vida, es un individuo de una especie que necesita como ninguna otra que le muestren el mundo, que le presenten la palabra. Somos la única especie que requiere la representación de la realidad para ser aprendida.

Nunca hemos asistido a una reunión de individuos de otras especies (aves, mamíferos, reptiles, etc.) donde uno de ellos, con algún detalle diferenciado, llámese guardapolvo, uniforme o vestimenta especial, les muestre a los otros el supuesto "mundo" donde deberán vivir, sus pros y su contras, su alimentación, y demás recaudos para el buen vivir en el planeta.

Tampoco nunca hemos visto una "abeja demócrata" que haya decidido guillotinar alguna reina para luego redactar un contrato social basado en derechos y deberes.

El resto de las especies que nos acompañan en el universo tienen un código genético con el cual se adaptan a su medio ambiente sin transformarlo. Cuando nacen los hombres, no eligen una particular forma de vida, sino que se insertan en una familia determinada que los induce a aceptar un modelo de comportamiento, que controla aspectos cruciales de su existencia cotidiana, y a veces interviene también en la construcción del "deber ser", que generalmente se transmite institucionalmente en la vida social.

Nosotros, los humanos, debemos cargar con un mundo de significaciones construidas desde el primer hombre, hace miles de años. Un mundo de signos con significado y significante dentro de una semiosis infinita, contextual y epocal. Esos signos lingüísticos, que están en lugar de otra cosa, se expresan a través del habla y las conductas humanas, y constituyen, al decir de Gerome Bruner (psicólogo cognitivo estadounidense, 1915-2016), nuestra caja de herramientas, con las cuales pensamos el mundo, y nos definimos a nosotros mismos y a los otros.

Construimos la realidad representada de lo que vulgarmente se llama cultura, las instituciones, los vínculos, los saberes, los derechos y los deberes, los campos disciplinarios del conocer, y fundamentalmente los valores, y el armado de categorías lógicas para analizar la realidad y las posiciones de poder en el intercambio de los grupos humanos donde desarrollamos nuestro ser y hacer. Creamos complejos tipos de discursos.

Por ello, padres y docentes debemos generar ejercicios de sinceridad, para vivir el proceso de insertarnos en un espacio y comprender los avatares de su devenir. Este material pretende colaborar para actualizar nuestra mirada respecto del otro, ese otro que requiere nuestra hospitalidad del saber, nuestro acompañamiento.

"Lo social" se compone de individuos, y el surgimiento de la modernidad implicó la ruptura de las formas de vida comunitarias anteriores. El sujeto moderno (siglo XV en adelante) ya no fue una parte integrada de una comunidad, sino que comenzó a considerarse una parte individual, formalmente libre y separada de un todo social; claro que, en diversas circunstancias, los individuos se agrupaban para defender sus intereses materiales o diferenciarse culturalmente del todo, y estas diferenciaciones desembocaban muchas veces en propuestas políticas.

En los grupos humanos de las sociedades del siglo XX, el individuo es cada vez más débil frente a las fuerzas del mercado o del Estado, que organizan la sociedad a su arbitrio. Los avances tecnológicos han logrado sistemas estructurales animados; la invención del robot y de las realidades virtuales ha planteado al hombre la posibilidad de que su *"dominio"* sobre la naturaleza lo lleve a perder el dominio sobre sus creaciones. Esta crisis profunda, de la cual dos guerras mundiales son sólo la expresión más visible, generó el éxito de la utopía de la comunicación.

Las teorías sociales intentan responder de distinto modo a estas nuevas realidades que pusieron en jaque la capacidad del individuo de regir su propio destino frente a las crisis económicas, el poder de las grandes empresas, las maquinarias burocráticas de los Estados, la automatización de la producción industrial, el crecimiento geométrico de las poblaciones urbanas y el avance de las comunicaciones, que configuraron otro diseño mundial.

Nacidos en una época turbulenta, los jóvenes que hoy pueblan las aulas, desde el primer contacto con otro ser humano, son introducidos a ideas ya hechas, obedeciendo a instintos e impulsos. Los hombres de la generación actual viven en un desconocimiento casi total de los problemas que les toca resolver y, a veces, se les ofrecen estrategias que no pueden utilizar para resolver los nuevos interrogantes.

Este nuevo homínido tiene una esperanza de vida hasta los ochenta años. En su mayoría, nacieron con la peridural y, por los cuidados paliativos, no le temen a la misma muerte; sus cuerpos se han transformado, sus nacimientos han sido programados, estudian en el seno de un colectivo conviviendo con distintas religiones y costumbres, de manera que el multiculturalismo es lo común, están "formateados" por los medios de comunicación y la publicidad, la Red, la escritura de mensajes con los pulgares, la consulta a Wikipedia o Facebook, pueden acceder a cualquier persona por su celular, a cualquier lugar por el GPS, a cualquier saber por la Red, habitan el espacio de lo virtual, no el métrico de jugar a la rayuela.

Se ha perdido la relación entre lo contextual y la territorialidad. Mientras padres y docentes intentamos entender los ambientes de alta disposición tecnológica y dimensionarlos en sentido didáctico, en nuestras acciones cotidianas e incluirlos, los alumnos participan de los mismos entornos de manera natural, se ven beneficiados, y usan la potencia de la tecnología para resolver sus tareas escolares, que en general siguen siendo propuestas "clásicas".

La mayoría de los niños nacidos en nuestro país son hijos deseados; incluso los que inicialmente no son aceptados terminan siendo amados, no sólo por sus padres sino por toda la familia, y la familia argentina, por idiosincrasia, es cariñosa, sentimental y solidaria.

Por los años sesenta del siglo pasado, un grupo de escépticos vaticinaron que, para principios del tercer milenio, la familia no ocuparía el importante sitio que tiene en la sociedad; sencillamente, decían, se acabará la familia porque es una vieja institución que está en crisis.

Sin embargo, llegó el siglo XXI, cargado de globalizaciones, pandemias universales, desastres ecológicos y medioambientales, calamidades y penurias de todo tipo, y la familia está "ahí". Según consenso de los expertos en el tema, nada apunta hacia su desaparición; cambios sí, ha tenido, las estructuras familiares han sufrido transformaciones. Hoy existen familias:

› "Monoparentales": sólo el padre o la madre con el hijo.

› "Nucleares", la tríada básica de madre-padre-hijo.

› "Extendidas", madre, padre, hijos, abuelos, tíos.

› "Reconstituidas", padres o madres que crían hijos de matrimonios anteriores.

› Otras variedades como, por ejemplo, integrantes del mismo sexo.

No obstante, en nuestro país sigue siendo el núcleo esencial de la sociedad, aunque en su interior no se sepa, a menudo, resolver los conflictos de forma adecuada.

Otra perspectiva interesante para mirar esta institución es recordar que, desde hace más de sesenta años, se rompió con el viejo modelo familiar basado en el esquema del hombre proveedor y la esposa ama de casa. Este modelo, conocido con el nombre de "patriarcal", fue desapareciendo en el país, sobre todo porque las mujeres se han integrado de manera masiva al mercado laboral y, al ser activas económicamente, la relación de poder en los hogares cambia.

En síntesis, la familia resulta clave en la preparación del niño para su entrada en otras instituciones como, por ejemplo, la escuela, y ésta, específicamente, nunca puede considerarse un castigo o un peaje que se debe pagar para ser adulto o para adquirir conocimientos.

Los espacios legalizados por la sociedad, de prácticas para sociabilizar a los individuos de esta especie, están organizados a fin de decodificar la construcción significativa de la realidad y comprender sus códigos de reglas y normas para poder recibir y transmitir la herencia, no de cosas muertas, sino de una herencia arcóntica, constituyente de la humanidad y fundamentalmente necesaria para sobrevivir en el planeta tierra.

• Cuántas miradas tienen las Meninas

 LAS NUEVAS NARRATIVAS

Una alumna de la Universidad de Artes deseaba que fuera su tutora de tesis y lo planteó al final de la clase de su última materia, que estaba cursando conmigo. Al terminar la clase, le expliqué que no podía, pues ya tenía el cupo cubierto con otros estudiantes, y debía esperar que algunos realizaran su defensa.

Pasados tres meses, recibo en mi teléfono este mensaje: "sts en tu ksa". El lenguaje SMS (Short Message Service, o servicio de mensajes cortos) es, desde hace veinte años, una forma cómoda, rápida sintética y práctica que se va extendiendo de manera progresiva, pero velozmente, entre quienes utilizan la mensajería móvil, el chat y las redes sociales.

La limitación de 10 a 160 caracteres de los SMS ha generado una nueva construcción lingüística, y en ella las contracciones y el uso de otros tipos de grafemas se imponen; por lo tanto, estas novedosas maneras de comunicación hacen que el lenguaje se transforme al mismo ritmo que las sociedades.

Los estudiosos del tema han llegado a plantearse la necesidad de regular una forma de conversar basada en abreviaturas ajenas a la gramática y la ortografía. La Real Academia de la Lengua pretende dar respuesta a todas las personas que escriben en Internet o que utilizan los mensajes SMS para comunicarse, y estudia elaborar una tabla de abreviaturas.

No obstante, el habla es del pueblo y siempre se adelanta a las clasificaciones académicas; para algunos, tiene la ventaja de ser un ejercicio de síntesis que contribuye a mejorar la capacidad de asociación en la lectura de los textos y a tener una mayor conciencia fonológica. También afirman que son los buenos lectores quienes pueden hacer más contracciones, y las interpretan mejor y más rápido, destacándose para quienes adoptan esta postura el valor de la función comunicativa.

Nunca faltan los "apocalípticos" (Eco, 1984) para quienes este lenguaje constituye una aberración que le pasará factura al modo de expresión de los niños y los jóvenes, discapacitándolos para el uso del lenguaje y reduciéndoles el vocabulario, pues utilizan sólo las palabras que se pueden contraer, emplean un lenguaje sin tildes, sin haches, sin vocales, que combina letras y números, simplemente desde el punto de vista fonético, que cambia el sonido de los grafemas, y que para nada tiene en cuenta las más elementales reglas ortográficas.

Los signos lingüísticos son portadores directos de significado, y los medios de comunicación son transportadores, pero hemos observado que algunos transportes suscitan profundas transformaciones sintácticas, transformando a veces la propia función significante.

Pero, como algo inherente a las nuevas tecnologías de la comunicación, el lenguaje SMS llegó para quedarse, por lo que una manera más inteligente de enfrentarlo es crear un sistema alternativo que impida el empobrecimiento de las capacidades comunicativas entre las nuevas generaciones y, en ciertos espacios educativos, convivir con ambas formas de escritura y generar posibilidades de contextuarlas.

Al intento triunfalista de suponer que las nuevas tecnologías de la comunicación son simples y neutrales extensiones del hombre, siempre podrá oponerse la tesis de Karl Marx (1818-1883), hoy más irrefutable que nunca, de que el hombre es "el apéndice de carne de un mecanismo de acero", en este caso electrónico.

3 TÉCNICAS PROMETEDORAS, PERO EN ABSOLUTO NEUTRALES

Las técnicas de comunicación, como sabemos, son antiguas, y las discusiones sobre este tema no son de ahora; existieron siempre acerca de la escritura y de la hostilidad que provocaba en algunos filósofos, o acerca de la imprenta. La historia de la comunicación moderna hace remontar al Siglo de las Luces, y luego al siglo XIX, una sensibilidad muy fuerte por la comunicación y las esperanzas que provoca.

También es de esta época la idea de que el desarrollo de los medios de comunicación y la libertad de las comunicaciones son las condiciones esenciales del progreso de las naciones. Pero todo esto, del mismo modo que el surgimiento efectivo de nuevos medios, como el teléfono o la radio, no tiene ninguna relación con el formidable ascenso de una corriente de pensamiento que, a partir de los años cuarenta, convirtió a la comunicación en el eje central de la reorganización de las sociedades.

Es imprescindible que se establezca el campo de la *comunicación* humana como espacio privativo de las relaciones dialógicas interhumanas, o entre personas éticamente autónomas, determinando fundamentalmente un *otro* con quien necesito comunicarme, espacio muy diferente del de la *información*, que sólo requiere un polo receptor. Claro que debemos distinguir la información cibernética de la información antropológica, y es aquí expresamente donde hoy los planos se juntan, y el soporte determina el mensaje

La lingüística aborda hoy una de sus más apasionantes y desconocidas regiones, ya percibida por Ferdinand de Saussure (1857-1913), quien define la lengua (1984, cap. III) como una entidad sistemática, como un sistema de normas léxicas y sintácticas, como un producto social, y un sistema de conexiones necesarias adoptado por el cuerpo de la sociedad. Esta entidad colectiva está determinada por convenciones y consensos, y enseñada por la socialización.

Los interesantes aportes de Saussure y de la lingüística estructural nos han enseñado que "la lengua no es tanto propiedad del hombre como éste propiedad de la lengua", y agregan que "eso significa que la lengua es un objeto que tiene sus leyes, que el hombre mismo ignora, pero que determinan rigurosamente su modo de comunicación con los demás y, por lo tanto, su manera de pensar".

❹ EL MUNDO SE HA VUELTO REPRESENTACIÓN

El conjunto de mundos reales o ideales es susceptible de ser analizado, porque las ciencias operan y funcionan con hipótesis. Esto da lugar a que, a veces, surjan *"paradojas"* cuando se rompe el equilibrio entre el mundo real de la comunicación y su teorización. El lenguaje de éstas se vincula con los niveles de la realidad desde el estatuto del observador, el cual aplica su inteligencia (un punto de vista teórico y el desarrollo de un método) a la descripción y la comprensión de los fenómenos.

Los rasgos peculiares que caen bajo la mirada específica de la semiótica tienen que ver con el estudio de los fenómenos de semiosis en cuanto generadores de significados; o, en otras palabras, con el análisis de los hechos de comunicación en relación con la comunicabilidad de sus significantes. Desde que comenzaron los estudios científicos de las comunicaciones sociales del siglo XX, surgió la necesidad de utilizar enfoques teóricos que dieran razón de cierto conjunto de fenómenos.

La recepción y la valoración de la realidad social ofrecen presupuestos para entender la necesidad de encontrar "coordenadas" para fijar una posición y orientar la mirada en una dirección necesaria, frente a la dispersión conceptual. Debemos insertarnos en la historia vívida, analizar la cotidianidad difusa y generalizar cosmovisivamente.

Hoy podemos analizar el "cambio cultural" como coordenadas epistemológicas, que se entienden como conceptos y relaciones conceptuales de máxima abstracción, con función gnoseológica respecto de la teoría del conocer y metodológica como lineamiento a seguir, desde la diversidad de las ciencias sociales, dado que los significantes culturales ejercen el dominio de la territorialidad cognitiva.

Los *baby boomers* (niños nacidos después la guerra), entre los que me incluyo, pertenecen a regiones geográficas, a religiones, viven de pertenencias, son católicos, protestantes, judíos, musulmanes, forman parte de culturas urbanas o rurales, dominan un dialecto, integran un equipo, son ciudadanos de una patria, se identifican con un sexo.

Pero hoy estos colectivos se están desintegrando; este proceso de cambio cultural, que madura en el siglo XX, sobre todo en su segunda mitad, con implicancias de violencia y exclusión, esta subsumido por los discursos sobre posmodernidad y modernidad, con el objetivo de declarar una única base de existencia de la construcción social actual, "sociedad de la información, era del acceso, sociedad de redes, aldea global", entre otras.

El cuento del joven que mira al cielo y pregunta *"Papá, ¿y la luna es la publicidad de qué cosa?"* expresa el peso terrible de la argumentación de las comunicaciones en un común denominador de mercancía y consumo.

En 1965, el filósofo y antropólogo francés Paul Ricoeur (1913-2005), para referirse a las filosofías de Karl Marx (1818-1883), Friedrich Nietzsche (1844-1900) y Sigmund Freud (1856-1939), los llama los *"maestros de la sospecha"* porque cada uno expresan, desde perspectivas diferentes, la entrada en crisis de la filosofía de la modernidad.

El cuestionamiento y la sospecha surgían porque ni las instituciones sociales, políticas, educacionales, los paradigmas estético-artísticos, ni la propia existencia social en la vida cotidiana, la familia, el trabajo, eran lo que "deberían ser".

Las respuestas fueron diversas, fragmentadas, y las búsquedas, múltiples, dando lugar a una nueva forma de mirar desde diversos saberes y estructurando nuevas disciplinas que indagaran sobre anomias sociales, feminismo, suicidios, marginalidad, inmigración, pobreza, de manera que todo esto y más significó el fin del siglo XIX.

La modernidad fue una real crisis civilizatoria que recorrió todos los órdenes de la cultura occidental, surgida durante el Renacimiento, época en que la Europa expandió su dominio por todo el globo terrestre, provocando inmensas transformaciones en todos los planos de la vida.

El concepto de hombre civilizado, producto de las velocidades de cambio en Europa, será construido a partir del predominio de lo cultural sobre lo natural y de la razón sobre los instintos.

Las potencias europeas conquistaron otros continentes, y la economía rompió los límites que la aprisionaban, hasta conformar un mercado y un comercio mundial; esto desarrolló la navegación y las comunicaciones, e inauguró el ciclo histórico del colonialismo.

A lo largo de la historia, los dominadores usarán permanentemente la famosa opción civilización/barbarie, negando así la humanidad de quienes aparecían como pueblos "salvajes" o "primitivos".

"Progreso" es la palabra clave de esta época. Las nuevas tecnologías, las nuevas fuentes de energía (electricidad y petróleo), la revolución de los transportes (ferrocarriles y barcos a vapor) y de las comunicaciones (telégrafo, radio, teléfono, periódicos, cine) imprimieron cierto optimismo.

Sin embargo, el escepticismo y el pesimismo aparecieron en los grupos humanos, poniendo en duda los progresos de la humanidad; la técnica no parecía liberar al hombre, sino que imprimía una deshumanización al trabajo. El resultado fue el enfrentamiento entre el hombre y su mundo social, lo que generó una serie de antagonismos y conflictos sociales.

La concepción que reconoce las bases y los presupuestos culturales para concebir lo cultural que permanece del paradigma moderno y eurooccidental, sumado a las incertidumbres y los malestares correspondientes a los cambios culturales actuales, es de muy compleja conceptualización. Algunos teóricos la llaman *"modernidad tardía"*; otros, *"modernidad líquida"*; también, *"posmodernidad"*.

Lo destacable es que estas concepciones comparten características a partir de analizar ciertas premisas:

> Un tiempo de transformaciones económicas, políticas, filosóficas y artísticas.

> Desconfianza en el paradigma del progreso.

> En los discursos epocales, en los enfoques y las conceptualizaciones preestablecidas.

> Propuesta de creación en todos los ámbitos, época de incubación.

> Fundar, plantar.

> Características: la intranquilidad, la inseguridad y una vaga esperanza.

> Inexistencia de caminos constantes.

> Ideas diversas.

> Desprecio de las normas y los cánones establecidos.

El gesto de Marcel Duchamp (1887-1968) —artista que sentó las bases del arte conceptual y del movimiento pop del siglo XX—, eligiendo un mingitorio para exhibirlo como obra en una galería, demuestra que hizo una nueva representación estética con su mirada puesta en ese objeto, que no tiene nada que pueda ser considerado estético.

La obra-mingitorio rompe con los valores estéticos que eran monopolio de la cultura legitimada y enciende una hoguera donde también se queman las vanguardias del arte del siglo XX, pues éste toca su límite: si todo es posible, aquello que fue propio del arte, la lucha por imponer soluciones nuevas y definir problemas diferentes de los del pasado y de los contemporáneos, pierde su eje fundamental.

En este tercer milenio, ya no se puede decir lo que el arte es, sino a través de una lista de las funciones que el arte cumple en la vida social. Lo que se denomina "posmodernidad" tuvo sus profetas, no sólo desde la genealogía filosófica, sino también desde lo sociológico y antropológico, y todos concluyen en desalojar ese deseo de objetividad y racionalidad, de saber y poder, por una parte, y por la otra, su tendencia a la exclusión de las diferencias específicas de la modernidad

Por ello, todo es expansión comunicación y esparcimiento, acciones valiosas para los nuevos habitantes de este tercer milenio, que determina mucha preocupación para orientar el desarrollo humano, en las instituciones responsables de tal acción, como la familia, la escuela, las universidades, el Estado.

La construcción del mundo actual, con la deconstrucción de sus claves para interpretarlo, es el nuevo paradigma del saber. La teoría social escrita en los países centrales intentó responder de distinto modo a estas nuevas realidades que pusieron en entredicho la capacidad del individuo de regir su propio destino frente a las crisis económicas, el poder de las grandes empresas, las maquinarias burocráticas de los Estados, la creciente automatización de la producción industrial, el crecimiento de la población urbana y el avance de las comunicaciones.

A lo largo del siglo XX, han existido una cantidad importante de corrientes teóricas, y cada una, desde su perspectiva, intentó dar una explicación y una definición a los problemas que planteaba el contacto o el rechazo entre diferentes culturas.

Sin embargo, desde un punto de vista que tomó en consideración la problemática del lenguaje y la de la comunicación, debemos referirnos al antropólogo Claude Lévi-Strauss, uno de los principales fundadores y exponentes del estructuralismo.

Normalmente, en los medios de comunicación, o incluso en nuestras vidas cotidianas, utilizamos palabras como "estructura social" o "estructura económica", para describir algún aspecto de la sociedad (pautas de comportamiento, clases sociales, actividad económica de un país), y también utilizamos el concepto cuando, por ejemplo, decimos de una persona que es muy "estructurada", queriendo expresar de este modo que está demasiado pendiente de las normas de comportamiento social.

El término fue, en principio, utilizado por las ciencias del lenguaje, la biología y la arquitectura. Para entenderlo, podemos pensar en un edificio que, por debajo de su forma visible, presenta una serie de elementos invisibles, vigas, columnas, que permiten que se sostenga.

El término "estructura" se utiliza como modelo teórico para conocer la realidad social en diferentes tiempos y espacios, aislando categorías teóricas que son estratégicas; las corrientes estructuralistas del pensamiento social estudian al sujeto como producto de estructuras heredadas a través de la cultura.

Por ejemplo, estudiando las relaciones de parentesco, Lévi-Strauss (1985) concluyó que la prohibición del incesto (relaciones sexuales entre miembros de una misma familia) es la pauta cultural normativa básica, a partir de la cual se constituyeron todas las sociedades.

Aparte del narcisismo primario, la sexualidad en su fase adulta y genital es social en el sentido de que necesita de dos participantes. Todos los demás instintos del hombre los puede satisfacer de manera solitaria, pero éste no, de modo que llega a la conclusión de que el hecho social original es la prohibición del incesto, ya que ello habilita la unión de diversas familias, generando también intercambios de parentesco y de bienes.

Se puede pensar que la sexualidad es social y natural, en un sentido muy limitado; pero sólo puede volverse genuinamente cultural si es conducida sobre la base de una norma o regla. La regla de la prohibición del incesto es universal y, en consecuencia, "natural" para todas las sociedades humanas.

La sexualidad es la respuesta a una necesidad, pero está organizada sobre signos, gestos, normas, actitudes, conductas, que pueden ser sistematizadas. No podríamos dar cuenta de tal regulación sin la función del lenguaje, ya que, por el hecho de hablar, el hombre vive en un mundo donde lo que es su deseo encuentra una regulación que proviene de lo simbólico.

Los hombres permanecieron en el nivel de lo natural en tanto no tuvieron prohibiciones culturales de este género. Que el individuo renuncie a sus derechos sexuales sobre las mujeres de su propia familia, de inmediato, crea condiciones favorables al surgimiento de un contrato social. El intercambio de hermanas no sólo procura una solución al problema del incesto; también significa reciprocidad y comunicación entre grupos donadores y receptores de esposas.

Para Lévi-Strauss, las comunicaciones recíprocas son la base de la estructura social. Esto se relaciona con el intercambio de bienes y servicios que determinan las relaciones económicas y el uso de otras palabras que construyen lenguaje.

Una pauta cultural normativa no es una barrera exterior (prohibición) a los individuos o las personas que forman la sociedad, sino que los induce a obrar del modo reglado por la norma.

Esto quiere decir que estas pautas culturales están internalizadas en los sujetos. La prohibición del incesto es el primer hecho social y, en consecuencia, es fundamento de la cultura.

5 LO QUE SIGNIFICA HABLAR Y NO SER HABLADO POR OTRO

Los cambios culturales en la sociedad actual están íntimamente vinculados con las nuevas tecnologías de la información. Estas tecnologías tienen un impacto significativo, no sólo en la producción de bienes y servicios, sino también en el conjunto de las relaciones sociales.

Un día me contaron la historia de dos hombres que se encuentran. Uno le pregunta al otro: "¿Qué tal?". Y el otro, después de mirarlo, le responde: "¡Ah!, vos estás bien, *¿y yo?*". Éste es uno de los efectos que genera la nueva utopía en nuestra sociedad: un hombre reducido a su imagen; específicamente, estamos frente a un nuevo individualismo, el de un hombre solo que vive en una sociedad fuertemente comunicada, pero débil en cuanto a los encuentros que permite.

El semiólogo italiano Umberto Eco, en su obra *La estructura ausente* (1972), intenta comprobar la posibilidad de estudiar códigos, estructuras, en los fenómenos de la comunicación. Considera que todas las formas comunicacionales humanas funcionan como emisión de mensajes basados en códigos subyacentes; entendiendo el "código" como una convención social que asocia un elemento físicamente perceptible del plano de la expresión con un elemento no perceptible del plano del contenido, que puede cambiar en el tiempo y en el espacio.

Se supone que debe existir coincidencia en el manejo de los códigos por parte de los participantes del acto comunicativo, para que se pueda efectivizar la comunicación, pero la existencia de subcódigos (ideológicos, estéticos, políticos, etc.) hace que incidan en el proceso de codificación y decodificación.

Uno de sus interrogantes es si el hablante está en condiciones de comunicar todo lo que piensa o si, en realidad, es el código el que lo determina, una perspectiva muy interesante que nos permite pensar si el hombre dispone de libertad en su relación con la lengua; por ello, a continuación de este modelo, desarrolla el modelo "semiótico-textual", suponiendo que lo que se transfiere en el intercambio comunicativo son conjuntos de prácticas textuales

La transmisión cultural es el proceso por el cual las formas simbólicas que actúan en una sociedad se transmiten de productores a receptores, de manera que debiéramos analizar el carácter significativo de las formas simbólicas y la contextualización social de los medios, dado que los medios de comunicación tienen una dimensión simbólica para los individuos que reciben los mensajes mediáticos.

La comunicación masiva es uno de los objetos centrales del debate acerca de los cambios culturales acaecidos en la modernidad. En la mayoría de las formas masivas de comunicación, el flujo comunicativo se dirige en una sola dirección; por ello deberíamos hablar de "trasmisión" o "difusión" de los mensajes de los medios, más que de "comunicación".

La naturaleza textualizada del universo mediático influye sobre las modalidades de consumo de los medios. Con la expresión "medios de comunicación", se hace referencia a los canales artificiales empleados para vehicular lenguajes entre seres racionales transmisores-receptores; es decir, transportan signos previamente convenidos socialmente, dado que estos signos son portadores de significado.

Claro que, en algunas oportunidades, un medio de comunicación transporta un lenguaje pero, al hacerlo, puede admitir una trasformación en su sintaxis, ampliando su poder significante. Propongo definir tres términos a los efectos del análisis de "medios de comunicación":

› *Información:* proceso de vehiculación unilateral del saber entre un transmisor institucionalizado y un receptor-masa; sea cual fuere el lenguaje o el medio empleado, el diálogo se reemplaza por la "alocución", que es un discurso unilateral, sin réplicas

› *Conocimiento:* en toda relación de conocimiento, hay formas más o menos embrionarias y analógicas de transmisión

› *Comunicación:* es un proceso dialógico donde el transmisor y el receptor poseen posibilidad de retorno.

Podemos inferir que los conceptos de información y comunicación corresponden a la teoría de las comunicaciones, y el concepto de conocimiento corresponde a la teoría del conocimiento; constituyen tres modos de bipolaridad entre transmisor y receptor pero que, ubicados en sus campos temáticos, determinan tres modos de relación muy bien diferenciados.

Los análisis de pensar las prácticas culturales como "estrategias de distanciamiento" de lo que es común y fácil, como plantea Bourdieu, nos abre una problemática respecto de las formas "suaves" de dominación ejercidas por las instituciones legalizadas dentro de la sociedad; la "distinción" la analiza desde el espacio social, cómo sus miembros y sus grupos ocupan determinadas posiciones y tienen un acceso desigual a los bienes disponibles.

Por ejemplo, en el ámbito escolar, el éxito está condicionado, en gran medida, por el grado en que los individuos han podido absorber la cultura dominante; desde ya, cuanto más rica e instruida sea una persona, mayores posibilidades tendrá de acceder a un mayor capital del tipo que fuere.

Precisamente, Bourdieu se refiere también a distintos capitales que pueden poseer los individuos; por ejemplo:

> El capital económico está constituido por los bienes materiales.

> El capital cultural son los estudios, los títulos.

> El capital simbólico es cierta posición social relevante conquistada.

El punto de partida para Bourdieu es el concepto de campo como instancia mediadora entre lo individual y lo social; explica cómo llegan las personas a asimilar determinada concepción del mundo que se manifiesta en una particular forma de vivir, de pensar, de percibir, de sentir y de divertirse.

Este espacio social de los cambios culturales está atravesado por la diferenciación social, es decir, por distinciones entre posiciones a partir de los recursos o del "capital" que se posea. Cada posición en el espacio social y en los diferentes campos supone un *"habitus"* específico que combina el grado de iniciativa personal y la adaptación social del fenómeno en cuestión.

Por ejemplo, ir a la ópera, usar determinada vestimenta conforman un grado de "distinción" que supone poseer un *"habitus"* o principio generador de prácticas y visiones del mundo, como un conjunto de estructuras, como esquemas clasificatorios; se trata, en definitiva, de un principio unificador que manifiesta los rasgos de un "estilo de vida".

Por ello, es fundamentalmente emancipador, en una sociedad, dar a cada persona los medios para que pueda elaborar sus propios trayectos de vida, construyendo una comunicación verdadera entre individuos, respecto de quien tiene el monopolio de la palabra como las instituciones sociales, y que no impongan el arbitrio de sus decisiones a quienes las padecen.

Tomar la palabra en situación de autoridad es, por ejemplo, lo que realizan las instituciones escolares, que trabajan siempre en situaciones autorizadas, con un tipo de receptores y emisores legalizados; es decir, es necesaria una relación de autoridad-creencia, una relación entre un emisor autorizado y un receptor dispuesto a recibir lo que se dice, dispuesto a creer que lo que se dice merece ser dicho.

Cuando nos referimos a un emisor legítimo, pensamos en alguien que reconoce las leyes implícitas del sistema, y que ha sido reconocido y seleccionado por ello, requiriendo destinatarios a los que debe reconocer como dignos de escuchar, legitimados por el sistema y por padres que le concedan crédito a sus prácticas sociales, basadas en un lenguaje con formas fonológicas y sintácticas legítimas.

Lo que está en juego, desde el momento en que dos locutores hablan entre sí, es la relación objetiva entre sus competencias, no sólo lingüísticas, sino también respecto de todo el conjunto de sus competencias sociales como, por ejemplo, la edad, el sexo, la religión, el estatus económico y social, etcétera.

En este sentido, parece valioso sostener la hipótesis según la cual la evolución de las tecnologías responde a los requerimientos de las relaciones sociales en los seres humanos. Podríamos decir que no fue la imprenta la que determinó la democratización de la lectura, sino que la necesidad social de democratizar la cultura en el siglo XV explica la invención de la imprenta; y lo mismo podríamos decir respecto de los medios de comunicación de masas, especialmente de la televisión: no inventaron ellos la cultura de los ídolos, sino que la cultura del espectáculo puede explicar la expansión de los medios masivos de comunicación.

Desde este punto de vista, es importante recordar la síntesis de Dominique Wolton (2006), director en investigación del Centro de Investigaciones Científicas de Francia, cuando plantea: *"¿Cuándo se reconocerá que, cuanto más se disponga de teléfonos, computadoras, televisores, redes..., más se plantea la pre-*

gunta de saber qué harán las sociedades con esas técnicas y no qué sociedad será creada por esas técnicas?".

Es decir, el problema es "socializar las técnicas y no tecnificar la sociedad".

El conjunto de lo que hoy llamaríamos "prácticas comunicativas" existe desde hace mucho; el hombre siempre se ha comunicado: corresponden a la humanidad, como el lenguaje y los instrumentos, las dotaciones esenciales del hombre prehistórico.

¿Acaso la comunicación no es, al mismo tiempo, una operacionalización técnica del lenguaje y un movimiento de innovación en el campo de los soportes que pueden transmitir el habla con la forma de un mensaje.

De esta manera, vemos cómo se desarrolla una propuesta epistemológicamente muy fuerte, que podría enunciarse así: "Todo lo real puede interpretarse en términos de información y de comunicación".

Hoy, en la sociedad *"knowmad"*, cambiaron los modos de construcción de conocimiento, y la construcción de nuevas pedagogías para el siglo XXI se encuentra en proceso de redefinición y cambios. El término *"knowmad"* es un neologismo que combina las palabras *"know"* (conocer, saber) y *"nomad"* (nómada), y da cuenta del perfil del sujeto capaz de ser un "nómada del conocimiento".

Fue creado por John Moravec, investigador estadounidense, para referirse a los trabajadores nómadas del conocimiento y la innovación, dentro de sus investigaciones basadas en la preocupación por el desarrollo del capital humano en una sociedad cuyo futuro es cada vez más complejo y cambiante.

Educar no es ponerles a los hombres el mundo encima desde los significantes culturales contextuales y epocales, ni desde las coordenadas epistemológicas, sino entregarles las llaves del mundo, el amor, la libertad, la alegría de vivir. Dar gracias a Dios y prepararlo para que lo recorra por él mismo; por ello, las determinaciones contextuales, las rupturas, los malestares que veníamos desarrollando deben ser considerados.

La escuela de hoy no está petrificada, no ancló en su lugar para la eternidad, ni los pupitres, ni los tinteros, ni el globo terráqueo; hay un ideario social que imagina una institución como el rulo de una estatua. Los que hemos pasado la vida dentro de ella sabemos que se transforman, pero somos nosotros, los hombres, los que cambiamos los significantes, los que debemos resaltar nuestras credenciales profesionales, porque hoy el cambio social está determinado por el cambio tecnológico.

Siempre ejemplifico, ante alumnos universitarios, que, cuando en una reunión familiar o de trabajo, pero reunión coloquial al fin, alguien plantea un problema jurídico, se oye decir "dejemos hablar al señor Tal, que es abogado y dará respuestas a lo planteado"; de igual manera, si alguien se refiere a un tema de enfermedad o malestar presente, se dice "escuchemos a los señores fulano de Tal, que son médicos".

Pero, respecto del tema de la educación, cuando surge, nadie dice "escuchemos al especialista", pareciera que todos están autorizados para analizar los objetivos educacionales, los diseños curriculares, las acciones de los maestros de sus hijos y la tarea específicamente escolar.

Muy pocos docentes dicen "déjenme hablar a mí, que soy especialista, soy quien está inmerso en el campo de las rutinas escolares". Pues bien, esto no sucede, y el hecho educativo específicamente humano, junto con su acción escolar institucional, comienza a ser bastardeado y criticado desde perspectivas simplistas y absurdas. O comienzan a refugiarse en la nostalgia del pasado de un supuesto paraíso perdido.

La escuela no puede verse en nuestra sociedad como un instrumento de dominación. Lo que la escuela generó, desde finales del siglo XIX, fue la "alfabetización" de las culturas populares; la escuela era un lugar rico simbólicamente y considerada una institución prestigiosa socialmente; generaba dominación simbólica porque distribuía saberes y destrezas que las clases más carenciadas sólo podían adquirir en ese espacio.

Fue el espacio laico, gratuito y teóricamente igualitario, donde el pueblo se apoderaba de instrumentos culturales y destrezas sociales que le garantizaban su adaptación al mundo del trabajo; al inmigrante, las nociones básicas para convertirse en ciudadano, y a las culturas de origen...

Algunos teóricos enuncian que se les pasaba un *"cepillo de acero"* sobre sus culturas de origen y las introducían en las prácticas de la modernidad homogeneizadora; claro que esa escuela no enseñaba a combatir la dominación simbólica, pero entregaba todas las herramientas que la época reclamaba para poder desarrollar sus propios fines e intereses.

7 · VOLVER A MIRAR PARADOS EN EL ARCÓN DE LA ABUELA

Ya en el siglo XXI, podemos decir que la escuela no se ha preparado para el advenimiento de la cultura de medios, ni los programas ni las burocracias educativas se han modificado. La escuela empobrecida, material y simbólicamente, no sabe cómo hacer para que su oferta sea más atractiva que la de la cultura mediática; y la cuestión no pasa sólo por las condiciones materiales de equipamiento, que las escuelas más ricas pueden, gestionadas privadamente, obtener, pero es un obstáculo difícil de superar para las escuelas más pobres.

Aquí descubrimos que la cultura de los medios convierte la sociedad en una "sociedad electrónica" que construye una sociedad de iguales en apariencia, pues pareciera que lo que ofrecen es objeto de apropiación. Y cada uno puede identificar sus gustos y sus deseos: obreros, desempleados, campesinos, habitantes de ciudades se igualan en el consumo imaginario que configura una nueva identidad social, "El hombre heterodirigido", que vive en una comunidad de alto nivel tecnológico, en una economía de consumo, a quien se le sugiere constantemente que debe desear y como obtenerlo que le eximen de tener que proyectar arriesgada y responsablemente *"rating"*.

En el marco de las preocupaciones que nos permiten pensar la escuela de otra manera, nos encontramos con el desafío intelectual de la tecnología entramada en el aprendizaje y el espacio pedagógico; es interesante el estudio de lo que nos rodea y contiene diariamente en el espacio del aula clase.

Ese espacio puede ser: a) desordenado; b) lleno de objetos superfluos que quedaron de otras acciones; c) ordenado, casi aséptico; d) informal, o pleno de formalidades. Es fascinante reflexionar sobre su conformación, no sólo sobre lo que contiene, sino también cómo lo hace, dado que contiene un clima ético en el aula, si además se acuerdan criterios con los alumnos que la ocupan y disfrutan.

Volver a mirar la escuela desde el aula con una mirada totalizadora nos permitirá derribar endebles paredes que construimos como garantía de un espacio en el que "se aprende". Sería interesante construir la escenografía áulica reconociendo espacios para pensar, para resolver ejercicios, para solicitar ayuda, porque esto determina otra conceptualización del campo.

Es posible que algunos elementos nos acompañen siempre; en el mejor de los casos, una computadora con conexión a Internet, libros, manuales, diccionarios, mapas, una muñeca, un almohadón, u otro elemento cargado de afecto, al que le contamos, tal vez, las vicisitudes del día.

Objetos que terminan rediseñando los espacios del aprender, quitando las barreras que, a veces, levantamos con el simple propósito de ayudar a encontrar las soluciones deseadas, el problema complejo, el enigma, el escollo por afrontar, la situación contradictoria por resolver.

Todo esto puede ser provocativo en tanto rompe con las tradiciones que asocian la resolución de problemas con la quietud o el inmovilismo del banco en el salón de clase.

No podemos no recordar escenografías y tecnologías que se sucedieron en el tiempo como, por ejemplo, arena, tiza y pizarrón, libros, láminas, audiovisuales, filminas, películas cinematográficas, materiales de la Web. Las nuevas tecnologías de la información están íntimamente vinculadas con los cambios culturales en la sociedad actual; estas tecnologías tienen un impacto significativo, no sólo en la producción de bienes y servicios, sino también en el conjunto de las relaciones sociales.

La acumulación de información, la velocidad de la transmisión, la superación de las limitaciones espaciales, la utilización simultánea de múltiples medios (imagen, sonido, texto) son, entre otros, los elementos que explican la enorme fertilidad de cambios que presentan estas nuevas tecnologías.

Su utilización obliga a modificar conceptos básicos, como los de tiempo y espacio, como así también la noción misma de realidad, dado que ésta comienza a ser pensada a partir de la posibilidad de construir realidades virtuales, que por supuesto plantean problemas inéditos e interrogantes de orden epistemológico cuyo análisis recién empieza.

Es necesario que los docentes acepten que no se puede negar la realidad que está instalada en las mentes y los hábitos de los jóvenes, dado que las tecnologías determinan nuestra forma de percibir la realidad y el modo en el que accedemos, producimos y compartimos información. Las tecnologías deben estar al servicio de la clase, como apoyo a los temas y los objetivos que el docente persigue.

Sin embargo, en esta práctica social que es la educación, más allá de su complejidad, de la burocracia, de la avalancha de instrucciones y normativas, de las presiones sociales y las condiciones de contratación de los profesores, en el encuentro de la clase, la magia de la transmisión existe.

Enseñar es confrontar con el saber y organizar apoyos para estructurarlo como propio, asumir el seguimiento de su asimilación y ofrecer la hospitalidad del saber desde una función de entrega de la herencia de la humanidad. Durante décadas, la escuela libró una desgastante competencia con los medios y las tecnologías de la comunicación que, sumada a otras múltiples tensiones internas y externas, fue minando su identidad.

La nueva escuela será diferente de aquélla portadora del saber hegemónico; habrá que volver a pensar para qué reunir a estudiantes y docentes, cómo hacerlo, y de qué modo la apropiación de herramientas digitales puede constituirse en un puente que ayude a garantizar educación de calidad, a fin de que cada uno de esos estudiantes logre convivir con dignidad y armonía en un entorno de profunda diversidad cultural.

Tenemos que reconocer verdaderamente a quién tenemos enfrente; los supuestos alumnos ideales que escuchan atentamente de principio a fin nuestras clases no están en las aulas. Sí pueblan las aulas jóvenes que tienen otra forma de mirar el mundo e instalarse en la sociedad del conocimiento; pero fundamentalmente debemos profundizar en algunos aspectos de la formación docente.

Principalmente, en la formación inicial, aunque sea más elegante decir que no hay formación inicial, que sólo hay formaciones continuas en la medida en que siempre partimos de conocimientos adquiridos, considerando que la expansión generalizada de las tecnologías de la información y la comunicación, en los últimos años del siglo XX y comienzos del XXI, ha contribuido a modificar la vida de los países y la experiencia de las personas.

La actual sociedad globalizada, organizada en redes que trascienden fronteras y culturas, ha impulsado la introducción de dichas tecnologías en las políticas y las prácticas educativas. La escuela en la sociedad de redes se ocupa de las formas y los alcances de la integración de estas técnicas, prometedoras pero en absoluto neutrales.

Por ello debemos esclarecer, en la formación docente, las presiones y las incertidumbres que el escenario presente provoca en los docentes, reflexionar sobre su sentido y la importancia de promover esta nueva alfabetización.

Aumentar las competencias, los conocimientos o el saber hacer no es la principal función del análisis de la práctica; sin duda, ésta contribuye con su ejercicio a construir o a consolidar competencias, empezando por saber analizar y desarrollar las capacidades de comunicación.

Un formador que intervenga en el ámbito transversal, didáctico o tecnológico, puede organizar en su campo temático unos momentos de análisis de la práctica para conectar los saberes que aporta la práctica de los participantes, y reflexionar sobre los posibles nexos de unión entre el análisis de la práctica y la construcción de los saberes, especialmente en un trabajo por situaciones-problema.

Desde la perspectiva de la profesionalidad docente, la formación para el tercer milenio debe estar implicada fundamentalmente en el debate social sobre las finalidades de la escuela y de su papel en la sociedad, debe aprender a cooperar y funcionar en red, debe sentirse miembro y garante de una verdadera profesión, y aprender a dialogar con la sociedad.

La razón pedagógica de esta producción a base de mestizajes interdisciplinarios y de un trabajo teórico específico nos evitará confundirnos con dispositivos tradicionales y poner en marcha la evolución del oficio hacia una profesión de pleno derecho.

En algunos oficios, el eje se limita al cómo hacerlo para hacerlo mejor, sobre todo cuando el trabajo no se encuentra con más resistencias que la de los objetos, y no suscita polémica en cuanto a fundamentos éticos y sus implicancias con seres humanos.

Un oficio de lo humano debe cuestionarse todo, por cuanto la acción pedagógica se plantea lógicamente los fundamentos didácticos y psicosociológicos, pero también su legitimidad, que reaviva la cuestión de las finalidades.

Desde las teorías de la comunicación, debemos partir de la noción de transmisión hacia el epicentro de la información, dado que aquello que se transmite tiene, en sus múltiples soportes, orígenes y destinatarios variables; por ejemplo, vinculada al conocimiento, la transmisión tuvo épocas en las que nombraba un estilo de relación pedagógica que resultaba de congelar a los sujetos y compartimentalizar saberes, volviéndolos *"didactizables"*.

Alguien tiene algo y lo pasa a otro, que lo recibe. Todo traspié en ese proceso, entendido como lineal, llevaba el nombre de fracaso. Esta perspectiva mecanicista hizo que, en ocasiones, la noción perdiera todo encanto y se volviera casi repudiable.

Podríamos darle al concepto de transmisión otra actualidad, desde la construcción cultural significante; en efecto, si entre dos algo se transmite, es aquello que resulta de una pedagogía que transmite algo que desborda el contenido y el soporte comunicacional en la construcción de una nueva realidad significante.

Ello significa que, en el seno mismo de estos dispositivos, los sujetos son los que deben tomar la iniciativa, preverlo todo sin haberlo previsto todo. Organizarlo todo dejando espacio para lo imprevisible, trabajar incansablemente para poner en práctica dispositivos que favorezcan la construcción de saberes, aceptando al mismo tiempo que no sabemos realmente ni cómo ni por qué cada uno lo consigue… o no lo consigue.

Asociar la obstinación didáctica con esta tolerancia pedagógica, que no es indiferencia hacia el otro, sino la aceptación de que la persona del otro no se reduce a lo que yo he podido programar. Pensar la transmisión sin resquicios, sin intersticios, sin huecos; imaginarla como una memoria completa que se ofrece sería confundir el trabajo de la transmisión con la omnipotencia.

Esto no implica negar que puede ofrecerse aun aquello que no se tiene, si uno desea inscribirse en una posición en la que pedagógicamente se confundirían los perfiles de Joseph Jacotot y de Jacques Ranciere (n. 1940), y que no se aleje de lo que Jacques Derrida (1930-2004) sostiene: *es posible dar lo que no se tiene*".

Jacotot (1770-1840), pedagogo francés, hijo de la Revolución y de la Ilustración, creó el llamado *"método Jacotot"* de enseñanza, donde demuestra que el método de la explicación constituye el principio mismo del sometimiento.

Es fundamental hacer pensar a los educadores para reconocer con ellos el lugar irreductible de la interrogación ética en la práctica y la reflexión educativa; así pues, llamaremos "pedagogo" a un educador que tenga como fin la emancipación de las personas que le han sido confiadas y la formación progresiva de su capacidad de decidir por ellas mismas su propia historia.

Las Nuevas Tecnologías de la Información y la Comunicación (NTIC) transforman radicalmente las prácticas culturales actuales; desde los comienzos de la modalidad a distancia, los avances tecnológicos han acompañado las mediaciones en la modalidad, pero hoy como nunca la virtualidad y la Web han transformado enormemente las posibilidades y las propuestas pedagógicas posibles.

El conocimiento se construye de manera distinta y a grandes velocidades, ya no es necesario aprender todos los contenidos posibles sino, principalmente, adquirir competencias críticas de un hiperlector que pueda relevar múltiples fuentes, seleccionar la información pertinente, analizarla y utilizarla, además de repetir dicho procedimiento constantemente, para que no queden "viejos" los conocimientos adquiridos.

Asimismo, la Web 2.0 permite que los usuarios se vuelvan sujetos activos creadores de contenidos, aspecto importante para el campo educativo, ya que habilita, desde el punto de vista técnico, el desarrollo de actividades colaborativas como nunca antes fue posible, superando dificultades históricas de la modalidad que siempre fue criticada por no permitir la interacción fluida de los participantes entre sí y con sus docentes. Hoy no sólo se puede generar la interacción, sino que, incluso, se pueden generar actividades distintas e inimaginadas.

Asimismo, las NTIC pueden pensarse como instrumentos mediadores de la cultura desde una perspectiva psicocultural. Median en las relaciones sociales a partir de las cuales se producen los procesos sociales de apropiación y generación de conocimientos que dan lugar a procesos de internalización; además, desde esta mirada, favorecen el desarrollo de las funciones psicológicas superiores.

Por otra parte, podemos pensarlas como herramientas que permiten la externalización de lo aprendido a partir de producciones de creación colectiva.

No olvidemos las políticas de inclusión digital y de nuevas alfabetizaciones que se están llevando adelante en nuestro país. La tecnología ya irrumpió en las aulas. Por todo lo expresado, es necesario construir un nuevo pensamiento pedagógico, que supere la etapa moderna, sin negar sus aspectos positivos, pero fundamentalmente avanzando hacia nuevos modelos acordes al tiempo actual.

⑨ ¿Y LA IDENTIDAD DEL HOMÍNIDO?

La identidad como concepto relacional se define en relación con un otro. En el marco de una sociedad menos fragmentada que la actual, la noción de identidad indicaba la homogeneidad, es decir, aspectos fijos y permanentes de la identidad de los sujetos.

A partir de las aceleradas transformaciones sociales producidas por los avances tecnológicos, y los cambios económicos y políticos, el dilema acerca de la propia identidad genera nuevos desafíos cada vez más complejos; supone pensar un concepto de identidad que contemple las *"identidades"* como plurales, precarias y provisorias (el género, lo étnico, lo estético, la elección sexual, etc.).

El antropólogo Néstor García Canclini sostiene, empleando un lenguaje cinematográfico, que la identidad es actualmente una *"coproducción"*.

Escribió Joseph Jacotot, en el siglo XIX: *"Lo real es algo de lo que no se puede escapar"*.

Inclusión… ¡allá vamos!

• REFERENCIAS

Birgin, A. (2012). *Más allá de la capacitación*. Buenos Aires: Paidós.

Bourdieu, P. (1990). *Sociología y cultura*. México: Grijalbo.

Bourdieu, P. (1997). *Capital cultural, escuela y espacio social*. México: Siglo XXI.

Bourdieu, P. (2003). *Cuestiones de sociología*. Madrid: Itsmo.

Bruner, J. (1997). *La educación, puerta de la cultura*. Madrid: Visor.

Camilloni, A. (2002). *Los obstáculos epistemológicos en la enseñanza*. Barcelona: Gedisa.

Castells, M. (1997). *La era de la información*, tomo I. Madrid: Alianza.

Dussel, I. (2005). *La invención del aula*. Buenos Aires: Santillana.

Eco, U. (1972). *La estructura ausente*. Barcelona: Lumen.

Eco, U. (1984). *Apocalípticos e integrados*. Barcelona: Lumen.

Foucault, M. (1974). *Las palabras y las cosas*. México: Siglo XXI.

Foucault, M. (1992). *Microfísica del poder*. Madrid: La Piqueta.

García Canclini, N. (1995). *Consumidores y ciudadanos*. México: Grijalbo.

García Canclini, N. (1999). *La globalización imaginada*. Buenos Aires: Paidós.

Gentili, P. (2012). *Pedagogía de la igualdad*. Buenos Aires: Siglo XXI.

Giddens, A. (2007). *Un mundo desbocado*. México: Taurus.

Hargreaves, A. (2003). *Enseñar en la sociedad del conocimiento*. Barcelona: Octaedro.

Lévi-Strauss, C. (1985). "Naturaleza y cultura", en *Las estructuras elementales del parentesco*. Barcelona: Planeta.

Maggio, M. (2012). *Enriquecer la enseñanza*. Buenos Aires: Paidós.

Moravec, J. (2013). *Sociedad Knowmad*. Barcelona: Universidad de Barcelona.

Perrenoud, P. (2004). *Desarrollar la práctica reflexiva en el oficio de enseñar*. Barcelona: Grao.

Ranciere, J. (2004). *El maestro ignorante*. Barcelona: Alertes.

Saussure, F. de (1984). *Curso de lingüística general*. Buenos Aires: Losada.

Sebreli, J. J. (1991). *El asedio a la modernidad*. Buenos Aires: Sudamericana.

Serres, M. (2013). *Pulgarcita*, Buenos Aires: Fondo de Cultura Económica.

Skliar, C. y Frigerio, G. (2006). *Huellas de Derrida*. Buenos Aires: Del Estante.

Vassen, J. (2011). *Una nueva epidemia de nombres propios*. Buenos Aires: Noveduc.

Verón, E. (2004). *La semiosis social*. Barcelona: Gedisa.

Wolton, D. (2006). *Salvemos la comunicación*. Barcelona: Gedisa.

III.

INCLUSIÓN Y DISCAPACIDAD

Leticia Grosso

① ¿QUÉ ES LA DISCAPACIDAD?

• Encuadre de la cuestión

El concepto de discapacidad ha ido transformándose y evolucionado en función de los distintos paradigmas culturales y científicos propios de cada momento y cada circunstancia de la historia; paralelamente; y, como consecuencia de ello, han ido cambiando la concepción acerca de la mirada, el abordaje desde distintas áreas y disciplinas, el tipo de educación que deben recibir estas personas y, por supuesto, las representaciones sociales sobre ellas.

Esta evolución ha sido explicada académicamente a través de constructos teóricos llamados "modelos", que pueden situarse en determinadas franjas temporales que, como todo momento histórico, están marcadas por las corrientes científicas, las circunstancias económico-sociales y las políticas propias de cada época.

Más allá de la historicidad de los modelos por los que han transitado la concepción y el abordaje de la discapacidad, debe decirse que ellos no se han sucedido de un modo rígidamente delimitado, en el sentido de poder designar claramente su principio y su fin, sino que están subyaciendo, a veces de modo bastante diferenciado, y otras en franca convivencia, en la práctica social cotidiana.

De hecho, cuando el intento de analizar la realidad se realiza desde una perspectiva de ciencias sociales, puede advertirse que las transformaciones no se producen al modo de una revolución científica dura, en la que un paradigma desplaza a otro, sino que la coexistencia de componentes de diferentes marcos teóricos es el signo distintivo de que, en verdad, hay varios modelos en pugna.

Se tratará, entonces, de exponer algunas aproximaciones a los modelos teóricos que han guiado, y aun guían, la comprensión de la discapacidad, partiendo de las anteriores consideraciones en cuanto a la necesidad de contextualizar esos modelos, de tener siempre presente la complejidad del entramado de variables que se entrecruzan en cada contexto y de la convivencia paradigmática presente hasta en las más sencillas situaciones de la vida cotidiana.

Así, la discapacidad se vislumbra como una realidad compleja y multifacética que, en determinado momento, se inscribe en unas coordenadas socioculturales que dan marco y encuadre a los modos de comprensión y abordaje concretos.

Si bien son numerosos los autores que han descripto los modelos por los que ha transitado la discapacidad, puede decirse, sin lugar a dudas, que todos coinciden en cuatro grandes etapas bastante reconocibles: unos primeros momentos signados por el apartamiento social absoluto o casi absoluto; otro, marcado por el etiquetamiento y el encierro total o parcial; otro, asociable al primer intento importante y organizado de acercar aquello entendido como "anormal" hacia aquello supuestamente "normal"; y, por último, uno centrado en la equidad, el derecho y el respeto a la diversidad.

Pueden vislumbrarse estas cuatro etapas en lo que Arnáiz Sánchez (2003), llama "Era de la Segregación", "Era de la Institucionalización", "Era de la Normalización" y "Era de la Inclusión".

Cuando la autora habla de *segregación*, refiere a los paradigmas culturales precientíficos de la Antigüedad y el Medioevo que, en lo que hace a la consideración de la discapacidad, se tradujeron en los modelos del infanticidio y la demonización, respectivamente.

En esta línea temporal, explica también cómo la modernidad, y por supuesto la ciencia moderna, desarrollaron un nuevo enfoque de la cuestión direccionado hacia análisis fuertemente racionales y ensayos empíricos en la búsqueda de los entonces llamados desórdenes del comportamiento al interior de propia naturaleza humana, dejando de lado las explicaciones míticas o religiosas

Así, el progresivo avance del positivismo científico de la época, sumado al contexto sociopolítico y del liberalismo económico en ascenso, produjeron, por una parte, un viraje hacia concepciones médicas en general, y del naturalismo psiquiátrico en particular; y, por otra, marcaron la necesidad de una educación también positivista, en términos de satisfacer las demandas de la naciente revolución industrial, que requería mano de obra calificada.

En ese contexto, aquellas personas que no eran o no aparecían como útiles para el sistema productivo fueron recluidas, primeramente en asilos, hospitales y otros establecimientos de encierro, y posteriormente, con la Ilustración, en instituciones donde, además del trato asistencial, comenzó a brindárseles una atención médico-pedagógica.

Vale aquí hacer una breve aclaración sobre esta atención médico-pedagógica. El hecho de que la atención de las personas con diferentes discapacidades haya sido puesta en manos de la medicina, primariamente, da cuenta de su consideración como enfermas, anormales, y de la imposibilidad de que la medicina cumpla con su mandato de cura; agregó, al estigma inicial de enfermedad y anormalidad, el de incurabilidad e inmutabilidad del trastorno. Se estructuraron unos abordajes pedagógicos centrados en la asistencia y, como máximo, el entrenamiento de estas personas en conductas básicas "socialmente aceptables".

Durante las primeras décadas del siglo XX, y con el afán de encontrar instrumentos cada vez más exactos para clasificar categorías de trastornos, con las respectivas directrices de tratamientos homogeneizados, la psicometría realizó su aporte en la medición diagnóstica y su correlato en la ubicación en diferentes instituciones, para recibir tratamientos eminentemente correctivos y adaptativos.

Este modelo, que entrelazó lo médico y lo psicométrico, fue muy influyente en la primera mitad del siglo XX y dio origen a las escuelas organizadas no sólo por patología, sino también por supuestos grados patológicos.

El encasillamiento del alumnado con discapacidad perdió totalmente de vista la heterogeneidad propia de la condición humana, homogeneizó las estrategias de abordaje, les puso techo a los posibles logros, obturó la consideración del otro como persona única, singular y con numerosas posibilidades, y la subsumió en un futuro prefijado.

En función de las situaciones de segregación y etiquetamiento que acaban de describirse, durante las décadas del 60 y el 70, grupos de padres de personas con discapacidad comenzaron a nuclearse en asociaciones con una visión más optimista, pero sobre todo más dinámica y menos determinista en cuanto al aprendizaje y las posibilidades de participación e integración de sus hijos al medio.

Bajo el impulso de estas primeras asociaciones de padres, también se reunieron, en distintos tipos de organizaciones, grupos de personas con discapacidades motrices y sensoriales que reclamaban un lugar activo en la sociedad y su capacidad para erigirse en artífices de sus propias vidas

El contexto de la posguerra y el fuerte reclamo por los derechos humanos promovieron importantes cuestionamientos y, frente a la idea de la subnormalización, surgió la de la normalización. Frente a la marginación de la persona con discapacidad, comenzaron a abrirse paso las estrategias de integración, como modo de acceder al goce pleno de los derechos humanos.

Fue el Servicio Danés para el Retraso Mental el que lanzó por primera vez el Principio de Normalización, que luego se extendió a Suecia y, desde los países escandinavos, trascendió a Europa, los Estados Unidos y Canadá.

Se define de la siguiente manera:

Normalización es la utilización de medios culturalmente normativos (familiares, técnicas valoradas, instrumentos, métodos, etc.), para permitir que las condiciones de vida de una persona (ingresos, vivienda, servicios de salud, etc.) sean al menos tan buenas como las de un ciudadano medio, y mejorar o apoyar en la mayor medida posible su conducta (habilidades, competencias, etc.), apariencia (vestido, aseo, etc.), experiencias (adaptación, sentimientos, etc.), estatus y reputación (etiquetas, actitudes, etc.) (Mikkelsen, 1975, p. 16).

El principio de normalización fue evolucionando de manera que salió del reducido círculo de la discapacidad intelectual en el que nació para ampliarse a cualquier persona con cualquier discapacidad; y no sólo como aplicable a los entornos específicos de estas personas, sino también a la sociedad en su conjunto, que debía comenzar a transformar sus propias prácticas y actitudes; es decir, el entorno social es no sólo el lugar, la base de aplicación, sino también el verdadero foco de cambio.

Así, más allá de que tanto el principio de normalización como su estrategia operativa, la integración, estuvieron sin duda basadas —en su formulación y en sus intenciones— en la legitimidad de los derechos de la persona, a la hora de su aplicación efectiva no lograron superar el modelo del déficit y, en la mayoría de los casos, se abonaron nuevas situaciones de segregación al pretender que fueran las personas con discapacidad las que se adaptaran a la "norma" social, sin hacer hincapié en que sea la sociedad la que se transforme para generar plena inclusión.

Fue y es esta circunstancia, sin duda, la que en la actualidad impulsa a pensar a la persona con discapacidad desde un paradigma científico complejo y multidimensional que supere el modelo del déficit y comience a transitar el camino del reconocimiento del valor de la diferencia y el derecho, generando transformaciones hacia una cultura, unas políticas y unas prácticas inclusivas a nivel mundial.

Otros autores, como Aguilar Montoya (2004), nominan como "Modelo Tradicional" a aquel de la Antigüedad centrado en la muerte, la caridad y el asistencialismo, y habla también del Modelo de la Institucionalización; pero, para hacer referencia a la Normalización, habla de "Modelo Rehabilitador".

Resulta interesante retomar esta postura porque deja ver en su explicación, con más claridad, una concepción de la discapacidad como problema individual:

Como puede verse, se trata de una perspectiva centrada totalmente en el déficit, que hace necesaria la intervención de especialistas, quienes deberán diseñar un proceso rehabilitador en el que, si bien no está dicho, queda implícita la supuesta inhabilidad primaria de la persona.

No obstante las críticas que hoy pueden hacérsele al Modelo Rehabilitador, no debe dejar de reconocerse que trajo el primer gran cambio en la definición científica de la discapacidad, y la integración social y escolar, que abrieron las puertas a la visibilización gradual de las personas con discapacidad en todos los contextos.

Más interesante aun que la visión de la normalización como un marco de referencia eminentemente rehabilitatorio, es la consideración del Modelo Inclusivo de atención a la diversidad, como un "Modelo de Autonomía Personal".

Sin duda, es sumamente importante, porque el autor dirige la mirada especialmente sobre el entorno y no sobre el individuo supuesto portador de la deficiencia-discapacidad.

Explica Aguilar Montoya, citando a Astorga (2000), que los inicios de esta postura se sitúan en los Estados Unidos, como producto del movimiento de vida independiente; y éste, a su vez, se enmarca en la lucha por los derechos civiles de la población negra y el auge del movimiento feminista en esa sociedad.

Como puede verse, muy por el contrario del enfoque normalizador-rehabilitador, este modelo de la discapacidad no se apoya en la deficiencia o en la falta de destreza del individuo, sino que el centro del problema es el contexto; un contexto que impone barreras de todo tipo y no genera los apoyos necesarios a la mejora del funcionamiento y la participación que la persona tiene por derecho, más allá de sus limitaciones.

Una filosofía que se apoya y trabaja por la igualdad de oportunidades, el respeto a sí mismo y la autodeterminación. Vida Independiente no significa que no necesitemos o que queramos vivir aislados. Vida Independiente significa que queremos el mismo control y las mismas oportunidades de vida diaria que nuestros hermanos y hermanas, vecinos y amigos que no tienen discapacidades. Queremos crecer con nuestras familias, ir a la escuela que escojamos, usar cualquier autobús, tener trabajos acordes con nuestra educación y nuestras capacidades. Más importante aun, necesitamos estar a cargo de nuestras propias vidas, hablar y pensar por nosotros mismos (Ratzk, 2000; cit. en Astorga, 2000: p. 7).

Una autora que resulta necesario mencionar en esta cuestión de los modelos que explican la discapacidad es Agustina Palacios (2008), catedrática española que enfoca la consideración actual de la discapacidad desde una mirada social y de derecho; lo hace basándose, sobre todo, en la Convención Internacional de los Derechos de las Personas con Discapacidad (ONU, 2006), y de allí la importancia de su visión.

Describe un primer modelo que llama "de prescindencia", haciendo referencia a la etapa de explicaciones míticas y precientíficas en general, y en la que las personas con discapacidad se consideraban innecesarias, por diferentes razones, para la comunidad, por lo que su destino no importaba, e incluso se podía, y hasta se debía, prescindir de ellas, a través de la aplicación de diversas políticas y estrategias, todas ellas con un denominador común marcado por la dependencia, el sometimiento, la caridad y la asistencia.

El segundo modelo, coincidiendo con los anteriores autores mencionados, se asocia a lo Normalizador-Rehabilitador, cuyo fin último es, justamente, "normalizar" a las personas con discapacidad, más allá de sus deseos y sus necesidades; es decir, no tomándolas en cuenta como personas íntegras.

Finalmente, llama al tercer modelo "Social".

El Modelo Social considera que las causas que originan la discapacidad no son ni religiosas, ni exclusivamente científicas, sino que son, en gran medida, sociales. Desde esta filosofía se insiste en que las personas con discapacidad pueden aportar a la sociedad en igual medida que el resto de personas —sin discapacidad—, pero siempre desde la valoración y el respeto de la diferencia. Este modelo se encuentra íntimamente relacionado con la asunción de ciertos valores intrínsecos a los derechos humanos, y aspira a potenciar el respeto por la dignidad humana, la igualdad y la libertad personal, propiciando la inclusión social (Palacios, 2008: p. 26).

Pensar la discapacidad desde el Modelo Social apunta a considerar que no sólo es posible, sino también absolutamente viable, su autonomía para decidir respecto de su propia vida; y para ello se centra en la eliminación de cualquier tipo de barrera, y en el imperativo de brindar una adecuada equiparación de oportunidades y todos los apoyos que permitan y mejoren su funcionamiento.

También hay que señalar el impacto del modelo social sobre las políticas públicas, en las que gradualmente han venido cobrando importancia las consideraciones sobre persona, subjetividad y derechos humanos, como argumentos más que suficientes para proveer aquellos apoyos que saquen a las personas con discapacidad de la periferia de la participación social y las ubiquen en el desempeño de un rol.

De este modo, el modelo social ha hecho especial hincapié en las barreras económicas, medioambientales y culturales que se erigen en los diferentes contextos; se está haciendo referencia a barreras que entorpecen el acceso a una educación de calidad, a los sistemas de comunicación e información, a los entornos laborales, al transporte, a la Seguridad Social.

A diferencia de las miradas únicas que usaron los modelos anteriores (la enfermedad, el grado de enfermedad o la "norma social" objetiva), el modelo social mira a la persona con discapacidad a partir del cuerpo, sí, pero para descubrir las habilidades y las capacidades que este individuo ha desarrollado y puede desarrollar con el cuerpo que posee.

Mira también su entorno inmediato, su familia, para que ella reciba las ayudas que le permitan construir un concepto cargado de posibilidades, de situaciones de reconocimiento y aval de la autonomía, la autodeterminación, el empoderamiento que pueden estructurar con ese hijo y que, a la larga, facilitará o entorpecerá su participación activa en otros entornos.

Y, finalmente, cobra enorme importancia la mirada sobre el medio, como portador de oportunidades en términos de la equidad y de eliminación o minimización de barreras, o como portador de amenazas a la participación.

Quizás haga falta alguna nota especial sobre las barreras actitudinales; de hecho, las investigaciones que se han realizado han permitido establecer que, aun cuando las interacciones sociales que desarrollan las personas con discapacidad puedan darse de un modo diferente del producido por otras personas, los problemas que confrontan no se originan en su discapacidad, sino principalmente en las actitudes que la sociedad manifiesta hacia la discapacidad.

Por ello, es la interacción de las diferentes limitaciones funcionales con los factores ambientales la que en realidad determina que una persona exteriorice una discapacidad. En este sentido, la discapacidad está determinada por la diferencia que existe entre las habilidades de una persona, las demandas sociales y las limitaciones impuestas por el medio ambiente. Manifiesta cierta discapacidad debido a que es confrontada con un ambiente sociocultural que le es discriminante y hostil (Muñoz Borja, 2006: p. 27).

Puede concluirse este punto aseverando que el *modelo social de la discapacidad* visualiza y ubica el problema de la discapacidad dentro de la misma sociedad; y que el esfuerzo por lograr la plena inclusión de las personas con discapacidad debe orientarse hacia la detección, la minimización y, en lo posible, la eliminación de las barreras ambientales, físicas e ideológicas que limitan la participación de las personas con discapacidad dentro de la sociedad a la que pertenecen por derecho.

En definitiva, argumentar que la discapacidad es un problema social supone que debe ser evaluada en su contexto sociocultural, histórico y geográfico; que la enfermedad, el déficit o el daño de la persona implica sólo una parte de su situación personal; que el abordaje de esa situación lleva consigo tanto los tratamientos habilitatorios que resulten pertinentes, como contar con una sociedad accesible en todos los sentidos; que las barreras culturales y actitudinales están siempre en la base de las físicas o, por lo menos, más tangibles.

• Definición, eufemismos y aclaraciones

Para definir hoy la discapacidad, es necesario, entonces, tomar en cuenta esta perspectiva contextual social, que ha ido evolucionando desde las posturas centradas en el déficit hacia la promoción de apoyos dirigidos a la construcción de una vida digna.

De hecho, tal como lo expresa Cáceres Rodríguez (2004), se trata de una nueva cultura de la discapacidad que parte de analizarla en el marco de la compleja interacción de la persona y el ambiente donde vive; viendo tanto las capacidades del individuo como sus limitaciones y, además, las barreras o los apoyos que encuentre en ese entorno, y le posibiliten desarrollar actividades de forma independiente.

En este sentido, sin dudas, el primer gran hito en las definiciones de la Organización Mundial de la Salud se dio con la famosa *Clasificación Internacional de Deficiencias, Discapacidades y Minusvalías-CIDDM* (OMS, 1980), en cuyo espíritu y cuya propuesta se consideran no solo la enfermedad, sino también las consecuencias de ésta en todos los aspectos de la vida de la persona.

Amplió, así, la concepción inicial basada exclusivamente en el modelo médico, y puramente relacionado con aspectos etiológicos y patológicos, hacia una ideología superadora reflejada en una secuencia que abarca las consecuencias de la enfermedad. Esta secuencia puede resumirse en: Deficiencia-Discapacidad-Minusvalía; es decir, la discapacidad es vista como una consecuencia de la enfermedad y, a su vez, como causa de la supuesta minusvalía o desventaja social.

Obviamente, la propuesta contenía un gran avance respecto del modelo puramente médico anterior; en principio, al separar la deficiencia (enfermedad intrínseca a la persona) de la discapacidad (la exteriorización del daño), traducida en determinadas formas de actuación que ponen a la persona en mayor o menor "minusvalía" social.

También hay que señalar que, si bien la situación de desventaja a la que aludía la OMS en ese momento se manifiesta en la relación entre la persona y su entorno, se comprende hoy que las limitaciones en el funcionamiento de determinada persona en determinado contexto no necesaria y exclusivamente dependen de la deficiencia de la persona, sino que, en buena parte de los casos, están asociadas a las barreras del contexto o a la situación de interacción misma de todos los componentes que hacen a la vida de esa persona.

Es decir, más allá de que la OMS intentó, en ese momento, separar deficiencia de discapacidad y darle algún ingreso al contexto, no logró superar el modelo del déficit heredado de los modelos médico-psicométricos; y, en la práctica, la valoración de la discapacidad quedó supeditada a su punto de origen: la deficiencia; es decir, toda discapacidad fue considerada, casi exclusivamente, consecuencia de la enfermedad como único factor.

Desde los avances producidos al interior del modelo social de la discapacidad, comenzó a tratarse, justamente, de superar el modelo del déficit, indagando sobre los intereses y los puntos fuertes del sujeto, para desarrollarlos al máximo, fomentando y estimulando la participación de todos, sin importar su condición, incluso la de aquellos que manifiestan graves limitaciones en su funcionamiento.

Por supuesto, la Organización Mundial de la Salud se hizo eco de este verdadero cambio de paradigma, y en 2001 produjo su nueva definición, a través de la *Clasificación Internacional del Funcionamiento, la Discapacidad y la Salud-CIF* (OMS, 2001).

La CIF incluye la relación del entorno físico y social de la persona, considerando la discapacidad como un proceso multidimensional; es por esto por lo que hoy se considera y acepta internacionalmente que:

La discapacidad está definida como el resultado de una complejo relación entre la condición de salud de una persona y sus factores personales, y los factores externos que representan las circunstancias en las que vive esa persona (OMS, 2001: p. 1).

Esta definición permite sostener que ciertas personas se encuentran afectadas y limitadas para llevar una vida según el patrón cultural vigente; pero esa limitación no depende sólo del individuo que la padece, sino también de las posibilidades de inclusión y promoción que la comunidad le ofrece; y, en este sentido, las posibilidades que brinde o no el entorno resultan determinantes.

Es importante señalar que la CIF no clasifica personas, sino que describe la situación de cada persona como un problema en el dominio de la salud o de algún estado relacionado con la salud, y siempre la descripción se hace en el contexto de los factores ambientales.

La CIF parte de la totalidad del individuo, al que entiende como sujeto de derechos y obligaciones.

Así, la OMS define la discapacidad como un término genérico que abarca tanto los factores corporales que pueden traducirse en una deficiencia, como las limitaciones de la actividad y las restricciones a la participación.

Por ello, y tal como se mencionaba unos párrafos más arriba, la discapacidad puede entenderse como el funcionamiento resultante de la compleja interacción entre las personas que padecen alguna enfermedad (por ejemplo, una parálisis cerebral, síndrome de Down, sordera, o lo que fuere), y factores personales y ambientales (por ejemplo, actitudes negativas, o de rechazo, prejuicios, inaccesibilidad a transportes, edificios públicos, educación, salud; y, en general, un entorno cargado de barreras y con apoyos sociales limitados).

Como se verá, queda bastante clara la relación entre el Modelo Social de la Discapacidad y la última propuesta de definición de la OMS, a través de la CIF.

De hecho, el modelo médico considera la discapacidad como un problema de la persona, directamente causado por una enfermedad, o una determinada condición de salud, que genera el requerimiento de cuidados médicos prestados en forma de tratamientos individualizados y por parte de profesionales especializados, encaminados a conseguir la cura, o por lo menos una mejor adaptación conductual de la persona respecto de lo considerado normal.

Por su parte, en cambio, el modelo social de la discapacidad considera el fenómeno de origen eminentemente social, y principalmente apunta a un entorno que maximice los apoyos para lograr mejoras en el funcionamiento y, a partir de ellas, la plena inclusión.

Tanto el modelo social como la CIF hacen hincapié en que la discapacidad no es un atributo de la persona, sino un complicado conjunto de condiciones, muchas de las cuales son creadas desde el contexto/entorno social.

Por ello, tanto si la analizamos desde el marco teórico como desde su definición, la cuestión de la discapacidad requiere una fuerte y decidida intervención social, y es responsabilidad de las políticas públicas, y de la sociedad en general, hacer las modificaciones ambientales, educativas, de salud, etc., necesarias para que la participación plena de las personas con discapacidad sea posible en las estructuras habituales del entramado social.

De ahí que se considere que el problema es ideológico y de actitud, y su superación requiere la introducción de cambios sociales, lo que en el ámbito de la política constituye una cuestión de derechos humanos (Cáceres Rodríguez, 2004).

Una vez definida científica y académicamente la discapacidad, quizás resulten interesantes, o más bien importantes algunas aclaraciones.

¿Cuál es la diferencia entre ser un discapacitado y ser una persona con discapacidad?

Obviamente, la expresión "personas con discapacidad", antes que nada, supone que se habla de personas; es decir, de integrantes del género humano y, por lo tanto, sujetos de derecho. Partir de la condición de persona implica, consciente o inconscientemente, la consideración del otro como alguien íntegro; como alguien que no puede ser considerado desde una de sus posibles características (la enfermedad), sino como un ser completo, capaz de pensar sentir, vivir, ser amigo, vecino, ciudadano; en condición de elegir su vida y llevarla adelante.

En el mismo sentido, hay que decir que no se "es" discapacitado; sino que, en tal caso, se "tiene" una discapacidad. La discapacidad es sólo un componente de la persona, entre tantos.

Alguien no "es" síndrome de Down, o paralítico cerebral o cualquier otra condición aislada; ese alguien es una persona en toda su integralidad que, entre otras características, tiene una limitación funcional, junto con la cual coexisten otras condiciones no limitantes.

Pero, entonces, ¿quiénes tienen capacidades diferentes?

Pues, todos… Llamar a las personas con discapacidad "personas con capacidades diferentes" es sencillamente un eufemismo.

Como ya se dijo, una persona con discapacidad es alguien con una o algunas limitaciones; es decir, hay algunas capacidades afectadas, reducidas o limitadas; pero, sin duda, la persona no pasa a tener "otras" capacidades, o diferentes capacidades. Las capacidades de esta persona son las mismas que las de cualquier persona, sólo que en ella, por algún motivo, se ven limitadas.

No se trata, pues, de capacidades diferentes; se trata de un funcionamiento singular. De hecho, hay diferencias en el funcionamiento de la persona, no sólo por su estado de salud, sino justamente por la interacción de ese estado singular, particular, único e irrepetible con el entorno, ya sea en lo familiar o lo social.

Si bien se dice livianamente, incluso en ámbitos políticos y/o académicos, que esta expresión alternativa es para suavizar el impacto supuestamente negativo de la palabra "discapacidad", hablar de "personas con capacidades diferentes" resuena a realizar una demarcación encubierta que designa el defecto, la rareza, lo anormal.

¿Todos somos discapacitados?

Primero recordar que no "se es"; en tal caso, "se tiene". Pero, más allá de ello, ¿es cierto que, si todos tenemos alguna limitación, todos somos discapacitados? Pues, como mínimo, es una expresión lineal y homogeneizante; y, como máximo, otro eufemismo.

La limitación propia de la discapacidad se origina en un problema de salud específico, y no en una diferente y variada dotación biológica. En realidad, en esa expresión, subyace una subestimación de la limitación funcional que hace que esta persona con discapacidad necesite unos apoyos especí-

ficos para que no se conviertan en barreras para su participación.

Hay aquí un efecto colateral francamente no deseado: si todos somos discapacitados y nos arreglamos sin apoyos específicos, ¿para qué reclamar programas de ayuda? Ciertamente,
invisibilizar las limitaciones propias de la discapacidad va en
detrimento de las posibilidades de acceso a los soportes que
les permitan superar las barreras para el aprendizaje y la participación.

② DISCAPACIDAD E INCLUSIÓN

Si, tal como se ha explicitado en los apartados anteriores, se conceptualiza la discapacidad desde un modelo social sustentado en el derecho, no resulta complejo asociar estrechamente las cuestiones referidas a las nuevas concepciones de la discapacidad, la inclusión en general y la educación inclusiva en particular.

De hecho, los nuevos planteamientos paradigmáticos de los que se viene hablando dan cuenta de la ideología y las prácticas propias de la inclusión, como las indicadas para el abordaje de todos y cada uno de los grupos que, por diversos motivos, son segregados de la comunidad.

Se trata de plantear otro modo de intervención en el que los sujetos tradicionalmente excluidos accedan a la participación plena en todos los ámbitos de la sociedad, a la que pertenecen por derecho.

De este modo, como lo expresa Gentile (2009), la inclusión es un proceso democrático integral que involucra estrategias para la superación efectiva de aquellas condiciones que producen históricamente la exclusión.

La inclusión pretende equidad a partir de la valoración de las diferencias. Deja de ser el sujeto el que debe adaptarse a una supuesta norma, para pasar a ser la sociedad la encargada de brindar el contexto más adecuado para su desarrollo.

Desde esta perspectiva, la sociedad inclusiva no se centra en la dificultad en el sujeto —sea ésta cual fuera—, sino en un profundo trabajo de valoración de la diferencia

En este sentido, el modelo de la inclusión no se centra exclusivamente en determinados colectivos de sujetos, ni en ámbitos específicos como la escolaridad, sino que apunta a todas las personas en todos los ámbitos, dado que considera que la mayoría de los problemas de exclusión, que están íntimamente ligados con la pérdida de derechos, tienen un origen multicausal.

Efectivamente, la inclusión es una actitud, una postura frente a la vida, relacionada con un sistema de valores y creencias, que se materializa en acciones y que asume que, en todos los grupos humanos, la convivencia en la diversidad es la mejor forma de beneficiar a todos y cada uno de sus participantes

Del mismo modo, y en lo que hace específicamente a la educación inclusiva, puede citarse que:

Es un concepto mucho más amplio, ya que no se trata sólo de lograr el acceso a la escuela común de determinados grupos de alumnos, tradicionalmente excluidos, sino también de transformar el sistema educativo en su conjunto para atender la diversidad de necesidades educativas de todos los niños y niñas, asegurar la igualdad de oportunidades en el aprendizaje, y su plena participación (Blanco, Duk y Pérez, 2002: p. 22).

Por supuesto, no se niega el déficit, pero no se lo toma como punto de partida ni como un problema a solucionar; de hecho, la inclusión no nace para, ni remite exclusivamente a, las personas con discapacidad. Ésta es la razón por la cual se lo considera superador del modelo normalizador-integrador-rehabilitador: porque entiende la diversidad no como una dificultad a sobrellevar, sino como una coyuntura para el beneficio de la sociedad entera.

La inclusión no es una estrategia en favor de algunos; es un derecho de todos:

La educación inclusiva es ante todo y en primer lugar una cuestión de derechos humanos, ya que defiende que no se puede segregar a ninguna persona como consecuencia de su discapacidad o diferencia de aprendizaje, género o pertenencia a una minoría étnica... En segundo lugar es una actitud, un sistema de valores o creencias, no una acción o un conjunto de acciones (Arnaiz Sánchez, 2003: p. 150).

Más allá de ello, no puede dejar de reconocerse el importantísimo papel que ha jugado para la mejora de la situación de las personas con discapacidad el desarrollo de la educación inclusiva. Ciertamente ha servido, por una parte, para desactivar la errónea creencia de que la educación inclusiva es aquella que hace referencia sólo (o por sobre todo) a los alumnos con discapacidad; pero, por la otra, ha contribuido enormemente a operar cambios significativos en la forma de percibir, entender y atender a los alumnos con discapacidad en las aulas.

El Modelo social de la discapacidad del que se viene hablando está justamente centrado en el entorno, por lo cual es absolutamente pertinente para entender que las dificultades educativas de un alumno no pueden ser explicadas simplemente por su condición de discapacidad, sino que, por el contrario, son las características de los sistemas educativos en sí mismos las que están creando "barreras para el aprendizaje y la participación" de estos y posiblemente de otros estudiantes (Aguilar, 2003).

Por esto, la educación inclusiva debe ser entendida como una postura pedagógica apoyada en el principio de educación para todos que, como se sabe, entiende la educación como un derecho inalienable de todas las personas, oponiéndose a cualquier forma de segregación educativa por razones personales, sociales, étnicas o culturales.

Por supuesto, tampoco en el ámbito educativo las limitaciones individuales constituyen por sí mismas las raíces del problema de aprendizaje, sino las limitaciones de las propias instituciones educativas para prestar los servicios apropiados y para asegurar adecuadamente que las necesidades de las personas con discapacidad sean tenidas en cuenta dentro de su organización.

Precisamente, desde la ideología de la inclusión, se insiste en que las personas con discapacidad pueden aportar a la sociedad en igual medida que el resto de personas —sin discapacidad—, pero siempre desde la valoración y el respeto de la diferencia.

Tal como se ha analizado con la CIF, como con el Modelo Social en general, el enfoque inclusivo se encuentra íntimamente relacionado con la asunción de ciertos valores intrínsecos a los derechos humanos y aspira a potenciar el respeto por la dignidad humana, la diversidad y la equidad, y apoyándose sobre la base de principios tales como: la autonomía personal, la no discriminación, la accesibilidad universal, la adecuación de los entornos, el diálogo civil, entre otros.

Parte de la premisa de que la discapacidad es una construcción y un modo de opresión social, resultado de una sociedad que no considera ni tiene presentes a las personas con discapacidad. De igual manera, apunta a la autonomía y el desarrollo de autodeterminación de la persona con discapacidad para decidir, o por lo menos participar, en la estructuración de su propio proyecto de vida. Para ello, se propone la eliminación de cualquier tipo de barrera, así como brindar una real igualdad de oportunidades.

Dentro de esta visión, y en lo que hace a lo específicamente educativo-escolar, no son los alumnos quienes deben responder a las necesidades del sistema, sino que es el sistema el que se debe transformar —política, cultural y prácticamente—, para dar respuestas a la diversidad del alumnado, con criterios de equidad y calidad.

3 ASPECTOS DETERMINANTES PARA UN ABORDAJE INCLUSIVO DE LA DISCAPACIDAD

Explicada ya la actual conceptualización de la discapacidad y su estrecho vínculo con la ideología de la inclusión, parece pertinente señalar algunas claves determinantes que colaboran en un abordaje coherente con la postura.

A la hora de no perder de vista la concepción funcional de la discapacidad en general y, por supuesto, de cada una de las discapacidades en particular, debe dejarse en claro que se trata de abordajes ecológicos, basados en apoyos para la mejora del funcionamiento, cuyo máximo objetivo es el sostenimiento y la optimización de la calidad de vida.

De hecho, la ideología de la inclusión en general, y el modelo social de la discapacidad en particular, aluden, sin dudas, a un enfoque ecológico, el Enfoque de Calidad de Vida.

Uno de los aspectos que, entonces, resultan determinantes a la hora de construir en abordaje inclusivo de la discapacidad es el constructo de *calidad de vida* en un marco eminentemente ecológico.

De manera amplia, puede decirse que la calidad de vida hace al bienestar de una persona en relación con diferentes aspectos y facetas de su vida, desde lo físico pasando por lo psicológico, lo social y hasta lo espiritual. Pero la construcción conceptual es compleja, ya que está relacionada con percepciones personales y condicionadas por diferentes factores sociales, culturales y económicos, entre otros.

Más allá de ello, la mayoría de los autores vienen definiendo, desde mediados de los 90, la calidad de vida, dando lugar a lo que hoy es la explicación más aceptada por la comunidad científica y profesional internacional (Schalock, 1999), ya que ha sido el resultado de la revisión y la integración progresiva de investigaciones que se han efectuado en el ámbito de la discapacidad.

Calidad de vida es un concepto que refleja las condiciones de vida deseadas por una persona en relación con ocho necesidades fundamentales que representan el núcleo de las dimensiones de la vida de cada uno: bienestar emocional, relaciones interpersonales, bienestar material, desarrollo personal, bienestar físico, autodeterminación, inclusión social y derechos (Shalock, 1999; cit. en Verdugo Alonso, 2004, p. 104).

Pero, más allá de las diferentes concepciones y enfoques teóricos, se la concibe en la actualidad como un potente agente de cambio social que alcanza ámbitos como la educación y salud, entre otros.

El Enfoque de Calidad de Vida es considerado una extensión lógica y, por supuesto, superadora del Principio de Normalización. El planteamiento se modificó para permitir pensar en qué medida el sujeto "es" de la comunidad, es decir, pertenece a ella plena y cabalmente.

Queda entonces claro que, en la transición desde la normalización hacia la inclusión, se reflejan avances en las ideologías de base. En el enfoque de Calidad de Vida, el eje son las personas, no las normas sociales impuestas; el objetivo ya no es rehabilitar, integrar y entrenar exclusivamente para lo laboral, sino trabajar para habilitar, promover el desempeño autónomo de un rol social en base al desarrollo de la personalización y la competencia social de la persona

En este sentido, interesa aquí considerar en qué medida el enfoque de Calidad de Vida se encuentra presente en las propuestas que se brindan a las personas con discapacidad en los ámbitos habituales en los que ellas se mueven.

Es decir: ¿Se le pregunta a la persona qué es lo que quiere, qué es lo que desea? ¿Se le permite realizar, aunque sea, pequeñas elecciones? ¿Se la considera poseedoras de vocación?

Cuando los adultos, familiares, maestros, profesionales, toman determinaciones respecto de las personas con discapacidad, ¿cuáles son los vectores que determinan las decisiones que se toman? ¿Son las personas y su calidad de vida el eje de cada planificación, acción o medida que se toma durante su formación?

En verdad, cuando se sanciona al otro desde lo que supuestamente no sabe, no puede, no es capaz, consciente o inconscientemente alguien se erige en el lugar del saber, el poder, la capacidad; y, consciente o inconscientemente, pero de manera inexorable, va obturando en el otro su deseo, la construcción de su propia identidad.

Para comprender en su integridad la transformación del concepto de discapacidad y el sentido real de qué es lo que abarca la calidad de vida, tal como ya se ha mencionado, basta apoyarse en un modelo de abordaje que resulte francamente ecológico.

La mirada ecológica es compleja, dinámica y sistémica, de modo tal que permite ampliar el análisis de la discapacidad desde una necesaria perspectiva individual-personal, pero que a la vez resulte interactivamente social; de hecho, todo modelo ecológico considera que cualquier experiencia de una persona es única e individual, y se vincula con sus vivencias, sus sentimientos, sus conocimientos previos, sus costumbres y su percepción del entorno.

Siguiendo el pensamiento de Céspedes Martizo (2005), puede decirse que este modelo abarca cuatro componentes esenciales: proceso, contexto, tiempo y persona. La autora plantea que la persona es determinada por distintos factores durante su vida, los cuales van a ejercer una influencia única, y producirán una particular y singularísima respuesta.

A su vez, analiza las interacciones desde tres niveles: el primero, microsistema, hace referencia a las características subjetivas del individuo; el segundo nivel, mesosistema, refleja los intercambios con la comunidad donde vive el sujeto y su familia; y el tercer nivel, macrosistema, hace referencia a las influencias sociales, políticas y culturales de la sociedad en general.

Este análisis sistémico posibilita ampliar la observación de diversas situaciones que atraviesan las personas con discapacidad, abarcando la gran variedad de factores que influyen en su vida y, por lo tanto, en su funcionalidad y sus posibilidades de participación

El abordaje de la persona con discapacidad desde el enfoque sistémico- ecológico de calidad de vida abre las puertas a comenzar a pensar y planificar las intervenciones desde la promoción y la facilitación de las interacciones de la persona con el contexto; de este modo, emergen la centralidad y el peso del concepto de *apoyos.*

Sin ningún lugar a dudas, los apoyos constituyen la piedra angular de todo el modelo que se viene describiendo; de hecho, si hay un sentido que los apoyos explícitamente encierran, es el de mejorar el funcionamiento humano para acceder al sostenimiento de una vida deseada y de calidad, que le permita a la persona incluirse en su comunidad desde lo que quiere, sabe y puede hacer.

La definición académica de apoyos hace referencia a:

Recursos y estrategias que promueven los intereses y el bienestar de las personas y que tiene como resultado una mayor independencia y productividad personal, mayor participación en una sociedad interdependiente, mayor integración comunitaria y una mejor calidad de vida (Thompson y Hughes, 2002, p. 390; cit. en Fernández, 2008).

Dos implicancias relevantes del modelo son: por un lado, la identificación, la descripción y la comprensión de la persona respecto de su perfil y su intensidad de necesidad de apoyos; y, por otro, la planificación y la prestación de servicios que provean los soportes que funcionen como reductores de la distancia que exista entre las competencias personales y las demandas de los entornos.

Brindar apoyos no significa identificar aquello de lo que las personas con discapacidad carecen para poder suplir algo que falta, sino pensar en sus posibilidades actuales y futuras para poder brindar desde el entorno aquello que precisan a fin de desarrollar un mejor funcionamiento en sus capacidades latentes.

El concepto de apoyos contribuye a pensar a la persona con discapacidad como alguien autónomo, que en algunos momentos y algunas áreas de la vida precisa de ayudas para desarrollarse activamente en la sociedad; apoyos que no deben crear dependencia.

Para poner en práctica el modelo conceptual de calidad de vida en los servicios y apoyos proporcionados a las personas con necesidades específicas y otros colectivos y guiar las prácticas profesionales, se han propuesto cuatro principios que especifican que la calidad de vida:

› Es multidimensional y tiene los mismos componentes para todas las personas.

› Está influenciada por factores personales y ambientales.

› Se mejora con la autodeterminación, los recursos, el propósito de vida y un sentido de pertenencia.

› Su aplicación debe basarse en la evidencia (Schalock y Verdugo; cit. en Verdugo Alonso, 2009: p. 5).

A la hora de centrarse en las acciones educativas, esta postura integral e integradora permite direccionar los esfuerzos en función de las necesidades y las particularidades de cada persona, posibilitándoles ser partícipes de la planificación, de los procesos y las decisiones que se toman en el transcurso de su trayectoria educativa.

Este modelo facilita el acceso a una educación contextualizada respecto del entorno concreto de cada persona y permite, por ende, una formación orientada a la inclusión social y mejora de la calidad de vida.

Implica la necesidad de realizar un cambio a nivel social, involucrando el entorno familiar y comunitario, en el cual los profesionales de la educación y los padres de los alumnos con y sin discapacidad fomenten las interacciones entre ambos grupos (Verdugo Alonso, 2009: p. 4).

De este modo, la educación en general tiene por finalidad el desarrollo de capacidades humanas, la concepción educativa se basa en una visión del hombre desde un proyecto integral de vida y desde el principio de educabilidad de toda persona.

A la escuela se le plantea el reto de ir más allá de las meras necesidades de formación y adaptación del individuo y responder a estas exigencias de la vida profesional, contribuyendo a la construcción continua de la persona... debe permitir que el individuo tome conciencia de sí mismo y de su entorno, invitándole a asumir el papel que le corresponde tanto en el trabajo como en la vida cotidiana (Codejón Iruela y Moreno Calvo, 2004, p. 2).

Se trata, sin duda, de lo que ha dado en llamarse "Educación Funcional", cuyas estrategias apuntan a un aprendizaje significativo-funcional y a lo largo de toda la vida.

La educación funcional desarrollada a lo largo de la vida, en distintos ámbitos, promueve, en las personas con discapacidad, la construcción de madurez social, a través del desarrollo de capacidades y competencias que posibilitan su autodeterminación. Ello implicará, para el sujeto, la toma de conciencia de sus propias potencialidades para la toma de decisiones en relación con sus proyectos personales; además de adaptación constante a los cambios que se producen en el entorno.

Ahora bien, a nivel de la institución educativa formal, la escuela, ese planeamiento funcional debe quedar plasmado, justamente, en un currículum también funcional, individualizado y que parta de una evaluación previa del alumno en su contexto; es decir, que contemple todas las áreas de la vida: vida independiente, trabajo, recreación/tiempo libre, educación y vida en la comunidad.

La información que se utiliza para confeccionarlo es obtenida ecológicamente, de los entornos inmediatos de la persona; lo cual permite que los contenidos y las competencias sean individualizados utilizando secuencias significativas y relevantes para ese alumno.

Sin duda, estos desarrollos curriculares favorecen otra postura ideológica que es considerada una clave más para el abordaje inclusivo de las personas con discapacidad. Al igual que el Modelo Social de la discapacidad, está basada en los movimientos de "vida independiente" que, de algún modo, son el puntapié inicial para la aplicación de estrategias cada vez más innovadoras. Se está haciendo referencia a la Planificación Centrada en la Persona (PCP).

La PCP es la metodología de trabajo por excelencia en pro de la inclusión de las personas con discapacidad. El principal objetivo de la PCP se orienta a:

> *Que la persona, con el apoyo de un grupo de personas significativas para ella, formule sus propios planes y metas de futuro, así como las estrategias, medios y acciones para ir consiguiendo avances y logros en el cumplimiento de su plan de vida personal* (López Fraguas y otros, 2004: p. 1).

Esta metodología garantiza la autodeterminación de la persona con discapacidad. Es ella el eje central; el foco está puesto en las capacidades del sujeto para elegir y tomar decisiones, siendo responsables de ellas; de hecho, posibilita el pleno goce de derechos, tal como lo establece la Convención sobre los Derechos de las Personas con Discapacidad:

> *Art. 19: Derecho a vivir de forma independiente y a ser incluido en la comunidad, con opciones iguales a las de los demás, y adoptarán medidas efectivas y pertinentes para facilitar el pleno goce de este derecho por las personas con discapacidad y su plena inclusión y participación en la comunidad...* (ONU, 2006: p. 15).

La PCP es un proceso enmarcado, preponderantemente, en cuatro logros: presencia y participación en la comunidad; elección del proyecto de vida; respeto por las elecciones, y competencia para llevar adelante el proyecto de vida elegido.

La denominación PCP hace referencia a dos significados respecto del término persona:

Por una parte (...) se refiere a una metodología de planificación individualizada que se realiza desde el punto de vista de la persona cuya vida ayudamos a planificar, desde sus intereses, sus sueños, sus puntos de vista, su libertad (...) por otra parte, hace alusión a la idea de que en lo que nos hemos de centrar es en el ser persona (...) la PCP es un tipo de apoyo cuya función es el desarrollo de la persona en cuanto persona (López Fraguas y otros, 2004, p. 2).

Claramente, se observa que esta metodología se encuentra enmarcada en la concepción de calidad de vida y se orienta al desarrollo de aquella educación que resulte más funcional a cada persona.

La PCP posibilita que cada persona sea protagonista en el desarrollo de la planificación y, como consecuencia, en la concreción de su proyecto de vida; ejerciendo de este modo el derecho a la autodeterminación y asumiendo un rol social activo.

En este sentido, los roles permiten establecer relaciones que resultarán constitutivas de la identidad personal. Por ello, y tratándose de una persona con discapacidad, el hecho de obtener un rol social activo permite dejar de lado la mirada de la identidad centrada en la deficiencia y/o en la mera normalización de la persona.

De hecho, una de las tareas fundamentales de los sistemas educativos es promover en las personas con discapacidad el "deseo" de ser alguien activo en la sociedad, eligiendo y construyendo un estilo de vida, un trabajo, un proyecto personal, en busca de una participación social activa.

En este marco, la familia principalmente debe estimular este aspecto subjetivo, generando el deseo, y no "adiestrando" o pretendiendo "normalizar" a la persona para que cumpla un determinado rol preestablecido; es decir, debe habilitar una inclusión social deseada y genuina.

Otra propuesta innovadora que va en el sentido de la concepción social y funcional de la discapacidad en el marco del enfoque ecológico de apoyos hacia la calidad de vida y la inclusión plena y que remite específicamente a la inclusión laboral es el llamado Empleo con Apoyo.

Se trata de una modalidad de inserción laboral que aún no está totalmente regulada en muchos países, y constituye una iniciativa que otorga un papel fundamental al trabajo en la vida de la persona e importantes implicancias para el desarrollo pleno personal y profesional, más allá de la remuneración económica, y que trasciende las posturas de empleo protegido.

El empleo con apoyo es definido como:

Aquel integrado en la comunidad dentro de empresas normalizadas, para personas con discapacidad que tradicionalmente no han tenido posibilidad de acceso al mercado laboral, mediante la provisión de los apoyos necesarios dentro y fuera del lugar de trabajo, a lo largo de la vida laboral y en condiciones lo más similares posibles en trabajo y sueldo a las de otros trabajadores sin discapacidad en un puesto equiparable dentro de la misma empresa (Jordán de Urríes, 2007: p. 1).

Se basa en principios que apuntan a la calidad de vida y ha surgido ante la necesidad de buscar una alternativa de acceso al mundo laboral para las personas con discapacidad, contemplando que el trabajo es significativo en la vida de cualquier persona y que las personas con discapacidad también pueden trabajar.

El objetivo del empleo con apoyo es conseguir un trabajo con salario y beneficios como cualquier empleado. En él se prioriza el aprendizaje en el puesto de trabajo, sin desestimar la formación previa, brindando apoyos flexibles y respondiendo a las necesidades reales de la persona.

De este modo, se fomenta la inclusión social por medio de la actividad compartida con compañeros sin discapacidad, lo cual enriquece la vida social. La autodeterminación es un factor fundamental, al posibilitarle a la persona con discapacidad realizar las opciones laborales adecuadas a partir de un asesoramiento individualizado, siempre que ella lo desee y demande.

Otra tendencia vinculada a la autodeterminación de las personas con discapacidad, que puede incluir o no el empleo, es un movimiento que surgió desde el interior de las organizaciones de personas con discapacidad entre los años 60 y 70 en Estados Unidos, pero que recién está siendo comprendido actualmente a partir de la ideología de la inclusión; se hace referencia al Movimiento de Vida Independiente.

Se trata una filosofía mundial que actualmente trabaja por el derecho de las personas con discapacidad a vivir de manera activa e independiente, incluidas en la comunidad.

Bajo el lema *"Nada sobre nosotros/as sin nosotros/as"*, el Movimiento de Vida Independiente se opone al tradicional paradigma de la rehabilitación que considera a la discapacidad una deficiencia que imposibilita a la persona el ejercicio un rol social activo en la comunidad a través del acceso al empleo, así como desde todo tipo de actividades en todos los ámbitos de la vida.

Este movimiento ha adquirido diversas formas en diferentes países; sin embargo, posee un objetivo esencial y común en todos los ámbitos en los que se ha puesto en marcha: la acción social para la igualdad de oportunidades generada desde las mismas personas con discapacidad, así como la autodeterminación para ellas mismas.

Finalmente, y en síntesis, debe decirse que todas las transformaciones en torno a la discapacidad y las alternativas actuales con las que cuentan las personas con discapacidad se encuentran atravesadas por el Modelo de Apoyos.

Así, la preocupación por el establecimiento del perfil y la intensidad de apoyos que necesita la persona para participar constituye una herramienta elemental para poder desarrollar una planificación centrada en la persona.

Brindando los apoyos adecuados, se logran reducir las limitaciones funcionales de la persona y se posibilita su participación activa en la vida social.

4 PALABRAS FINALES

El breve recorrido histórico que se ha hecho por los diferentes modelos y concepciones en los que ha transitado la concepción de discapacidad da cuenta de cómo cada una de esas posturas ha impactado en los diversos modos de abordaje, e incluso en las representaciones sociales y los modelos mentales inconscientes que han marcado sus vidas.

En este sentido, es obvio que ha habido una gran evolución desde los modelos más segregadores a la elaboración de marcos teóricos apoyados en la inclusión plena, el respeto por la diversidad y la mirada puesta en los derechos humanos.

Sin embargo, hay aún mucho camino por recorrer, sobre todo aquel que, lejos de los discursos académicos y desde la propia práctica que cada uno desempeña cotidianamente, hace surgir preguntas tales como: ¿Dónde me paro cuando miro al otro? ¿En verdad acepto la diversidad? ¿O solamente ejerzo una tolerancia políticamente correcta? ¿En qué paradigma, en qué modelo me ubico cuando estoy frente a una persona con discapacidad? Con lo que hago o no hago, ¿qué es lo que estoy promoviendo? Y, en cada caso, ¿qué actitudes estoy perpetuando?

Las personas con discapacidad pueden modificar su funcionamiento. ¿Podremos los "no discapacitados"? ¡Claro que sí!

• REFERENCIAS

Aguilar, G. (2003). *La educación inclusiva como estrategia para abordar la diversidad.* Videoconferencia presentada en el I Simposio de Educación "Por una atención a la diversidad". Costa Rica: Universidad Estatal a Distancia.

Aguilar Montoya, G. (2004). *Del exterminio a la educación inclusiva: una visión desde la discapacidad.* Ponencia presentada en V Congreso Educativo Internacional "De la educación tradicional a la educación inclusiva". Universidad Interamericana de Costa Rica.

Ainscow, M. y Booth T. (2001). Índice de inclusión. *Desarrollando el aprendizaje y la participación en las escuelas.* Santiago: UNESCO-OREALC.

Arnaiz Sánchez, P. (2003). *Educación inclusiva: una escuela para todos.* Málaga: Aljibe.

Astorga, L. F. (2000). *Discapacidad, perspectiva histórica y desigualdades imperantes.* Disponible en http://www.codehuca.or.cr/discapabrecha.htm (14-10-13).

Bank-Mikkelsen, N. (1975). "El principio de normalización". *Revista Siglo Cero,* N.º 37, 16-21.

Blanco, R.; Duk, C., y Pérez, M. (2002). *Servicios de apoyo a la integración educativa. Principios y orientaciones.* Santiago: Fundación Hinehi y Fonadis.

Cáceres Rodríguez, C. (2004). "Sobre el concepto de discapacidad. Una revisión de las propuestas de la OMS. Revisión teórica". *Revista Electrónica de Audiología,* Vol. 2, N.º 3, 24. Recuperado en 2012 de: www.auditio.com/revista/articulo/24.html.

Céspedes Martizo, G. (2005), "La nueva cultura de la discapacidad y los modelos de rehabilitación". *Revista Aquichan.* Universidad de La Sabana.

Codejón Iruela, O. y Moreno Calvo, A. (2004). *La nueva alfabetización: un reto para la educación del siglo XXI. Una concepción actual de la orientación profesional: relaciones de la escuela con el mundo laboral.* Madrid: Siglo XXI.

Egea García, C. (2004). *Visión y modelos conceptuales de la discapacidad,* en www.discapnet.es/disweb2000/art/VisionDis.pdf.

Fernández, I. (2008). *El "Paradigma de los Apoyos" para Ayuda a la Discapacidad. La SIS: una escala multidimensional para determinar el perfil y la intensidad de apoyos que necesita un individuo.* Madrid: TEA.

Gentile, P. (2009). "Marchas y contramarchas. El derecho a la educación y las dinámicas de exclusión incluyente en América Latina (a sesenta años de la Declaración Universal de los Derechos Humanos)". *Revista Iberoamericana de Educación,* N.° 49), 19-57.

Jordán de Urríes, B. (2007). *El futuro del Empleo con Apoyo ¿Hacia dónde nos dirigimos?* Madrid: INICO, Universidad de Salamanca.

López Fraguas, M. A.; Marín Gonzáles, A. I., y De la Parte Herrero, J. M. (2004). "La planificación centrada en la persona, una metodología coherente con el respeto al derecho de autodeterminación". *Revista Siglo Cero,* Vol. 35 (2), N.° 210.

Mikkelsen, N. (1975). *El principio de normalización.* Revista Siglo Cero, N.° 37, 16-21.

Muñoz Borja, P. (2006). *Construcción de sentidos del mundo de la discapacidad y la persona con discapacidad. Estudios de casos.* Cali: Universidad del Valle.

OMS (1980). *Clasificación Internacional de Deficiencias, Discapacidades y Minusvalías (CIDDM).* Ginebra.

OMS (2001). *Clasificación Internacional del Funcionamiento, la Discapacidad y la Salud (CIF).* Ginebra.

ONU (2006). *Convención de los Derechos de las Personas con Discapacidad.*

Palacios, A. (2008). *El modelo social de discapacidad: orígenes, caracterización y plasmación en la Convención Internacional sobre los Derechos de las Personas con Discapacidad.* Madrid: CIMCA.

Schalock, R. (1999). *Calidad de Vida.* España: III Jornadas Científicas de Investigación sobre Personas con Discapacidad. Universidad de Salamanca.

Verdugo Alonso, M. A. (2004). *Cambios conceptuales en la discapacidad.* II Congreso Internacional de Discapacidad. Universidad de Salamanca.

Verdugo Alonso, M. A. (2009) *El cambio educativo desde una perspectiva de calidad de vida.* Salamanca: Universidad de Salamanca.

IV.
PROYECTOS INCLUSIVOS DE ATENCIÓN A LA DIVERSIDAD

Nora Limeres

1 REFLEXIONES PREVIAS DESDE UNA PERSPECTIVA COMPLEJA

¿Por qué esta reflexión previa?

Realizar proyectos forma parte de la vida cotidiana, desde los más simples hasta los que requieren un análisis profundo antes de comenzar cualquier acción. Proyectamos la celebración de un cumpleaños, proyectamos la ida al supermercado para realizar la compra mensual, proyectamos una mudanza, proyectamos la cena familiar…, y muchas más situaciones habituales. No todas requieren los mismos esfuerzos ni de los mismos recursos.

Cuando estamos en una escuela, también seguimos proyectando; lo hace la institución junto con todos sus docentes, del mismo modo en que lo hace cada uno de ellos al interior del aula. Lo hacemos y, tal vez, por la frecuencia con que esto sucede, no advertimos que se trata de operaciones que requieren una organización previa de singular importancia para que tenga buen fin.

Muchas veces, nos preguntamos por qué algún proyecto no cumplió con todas nuestras expectativas. Responsabilidades más, responsabilidades menos, todo parece tener una explicación.

Ése es el motivo debido al cual nos vamos a detener un instante en cuestiones que hacen a los momentos previos a su construcción, especialmente ubicados en los enfoques que enmarcan esta tarea en el siglo XXI.

En este espacio, se va a hacer referencia a la elaboración de proyectos educativos, sociales e inclusivos pensados desde la institución educativa que, como tal, se involucra en el compromiso de hacer posible cada una de las acciones que ellos demanden.

Lo que se espera es que, al tener su origen en el interior de la escuela, los miembros de la ésta, la comunidad educativa y social, el entorno participen proactivamente, sin dejar de considerar que, para ello, es importante disponer de una concepción comprensiva, desde una perspectiva compleja, imprescindible para interpretar el mundo social y todos sus atravesamientos.

En ello se incluye el conjunto de concepciones, teorías, informaciones, conocimientos que se tienen de los hechos y de los procesos sociales que se ubican en el paradigma de la inclusión. Las situaciones pueden comprenderse y encararse cuando se contemplan, son valoradas y se actúa sobre ellas desde una mirada que perciba los múltiples matices que la configuran, capaces de aceptar y apreciar lo diverso como algo natural y enriquecedor.

Los tiempos van delineando nuevas maneras de percibir y de valorar la realidad. Mientras las leyes deterministas de la naturaleza dejaron fuera el azar, la aguda mirada del científico puesta al servicio de captar nuevos horizontes, la complejidad del mundo, lo imprevisible (Guyot, 2005), pasada la mitad del siglo XX, comenzó a perfilar el escenario de manera diferente y de cara al nuevo siglo.

Las personas y las instituciones o, de modo más abarcativo, las sociedades van haciendo frente a enormes desafíos. Los cambios culturales, financieros, industriales, cognitivos, tanto en ámbitos virtuales como reales, han colocado a las personas frente a una realidad cambiante, donde van interactuando y apropiándose de ellos, casi sin terminar de comprenderlos.

Las rápidas comunicaciones entre puntos alejados físicamente, pero que, no obstante, se concretan en tiempo real; la sorprendente y variada movilidad en la información, a veces contradictoria; la realidad virtual que acompaña en el día a día; la tecnología, con su complejidad, que paradójicamente es apropiada con facilidad en todos los ámbitos de la vida social ponen en evidencia, todas ellas, que su consumo está instalado en el hogar a través de dispositivos cada vez más actualizados y funcionando a velocidades insospechadas.

Sin lugar a dudas, el hombre se encuentra en el centro de grandes revoluciones científicas y técnicas, de las cuales es su propio artífice. No todos han participado de ello, pero sí han recibido los avances, en mayor o menor grado, con beneplácito, probablemente porque ello ha significado novedosas maneras de pensar la realidad y de producir, además de permitirle disfrutar de una mayor comodidad.

Las nuevas concepciones sobre las formas de conocer y de interactuar que han permitido a las diversas disciplinas hacer frente e indagar sobre el mismo objeto desde perspectivas diferentes han dado la posibilidad de generar significativos cambios, incluso de producir verdaderos quiebres epistemológicos que dan cuenta de diferentes paradigmas científicos.

La ruptura con la noción de realidad propia de la modernidad, apoyada en la idea del conocimiento irrefutable y único, capaz de garantizar certidumbres, abre el camino para dar paso a nuevas perspectivas, pero ellas ahora son amigables con la incertidumbre que, siguiendo el pensamiento de Morin (1999), lleva al hombre a tener en cuenta que, en lo real, puede haber posibilidad de algo que aún es invisible.

El enriquecimiento científico que se produce, especialmente a lo largo del siglo XX y hasta hoy, por el esfuerzo de investigadores provenientes de diferentes organizaciones disciplinares, ha dado espacio para que se revele la presencia de novedosos enfoques desde la física, las ciencias sociales, la geología, la antropología, la cibernética, la matemática, la biología, entre otras, que a su vez han facilitado interrelaciones que ponen cada vez más en evidencia nuevos significados.

Sin la intención de profundizar en ellos, no pueden dejar de mencionarse los aportes de la antropología respecto de la inequívoca interrelación entre cultura y medio ambiente, la Teoría General de Sistemas, la Teoría Cibernética y la Teoría del Caos.

Todos estos movimientos científicos, al comenzar a intervincularse, permitieron develar interesantes reflexiones centradas en similitudes que llevaron a la configuración del nuevo modelo generalizador con capacidad para abarcar todas las ciencias, el *Paradigma de la Complejidad*.

No es posible comprender el sentido de la inclusión, que supera lo que inicialmente se planteó desde los ámbitos educativos, si no se dirige la mirada a estos cambios recientemente expresados. A su vez, no es posible pensar en proyectos inclusivos desde el paradigma clásico, que llevó a aislar los objetos de sus contextos, ignorando la presencia y la fuerza de la totalidad, así como desestimando el reconocimiento de la complejidad de lo real.

Desde esta línea de pensamiento complejo, emerge una nueva concepción de la realidad, que es concebida como proceso, no como una entidad *acabada*, *final*, tanto como el reconocimiento de los valores como parte integral del conocimiento humano. Este pensamiento no admite la identificación de la complejidad con lo complicado, sino que lo complejo se constituye en un atributo de la realidad, al mismo tiempo que ésta no puede ser minimizada a hechos aislados.

El pensamiento fraccionado no da acceso al análisis de la realidad como una interconexión de fenómenos, pensamientos o sucesos, a la vez que con todos los contextos dependientes recíprocamente. El pensamiento fragmentado no hace visible el contexto en su magnitud. Nada es lineal, todo está sometido a la complejidad de la realidad, que por ello es percibida como una red, un entretejido donde cada una de sus hebras representa la diversidad de hechos y sus interacciones, que se dan cita en la misma situación.

Mientras el pensamiento tradicional separa el campo de conocimiento en disciplinas cerradas sobre sí mismas, el pensamiento complejo actúa como un modo de religazón, se opone al aislamiento de los objetos a conocer, ubicándolos en su contexto, en la totalidad a la cual pertenecen, evidenciando su multidimensionalidad.

Lo *complejo*, dice Morin (2003), designa hoy una comprensión del mundo como una entidad donde todo se encuentra entrelazado, como en un tejido compuesto de finos hilos. Por lo tanto, el pensamiento complejo es un pensamiento que indudablemente relaciona. Se lo identifica con el término *complexus*, o aquello que está tejido en conjunto. Frente a tanta diversidad, la tendencia registra la necesidad de comprender antes de intentar cualquier explicación.

La complejidad no es un fundamento, es el principio regulador que no pierde de vista la realidad del tejido fenoménico en el cual estamos y que constituye nuestro mundo (Morín, 2003: p. 146).

En este marco, una oferta educativa de calidad es el gran desafío que enfrentan los sistemas educativos en el mundo. Esto significa brindar propuestas justas, equitativas, inclusivas. Las voces que se escuchan en foros internacionales y que han puesto de manifiesto el carácter de derecho a esta aspiración no pueden desoírse ni permitir que se diluyan entre pensamientos que traen consigo promesas que, más largamente enunciadas, más rápidamente se desvanecen en argumentos cada vez menos sólidos.

La atención a la diversidad en la escuela inclusiva ya no es un pedido, se ha posicionado en normas legales y en discursos políticos. La bibliografía sobre el tema es cada vez más extensa. No obstante, las prácticas no tienen la intensidad que se espera. La inclusión es un proceso de intervención educativa que nunca se da por concluido.

La escuela, esa institución cuyo mandato inequívoco sigue cumpliendo desde su fundación, en no pocas ocasiones permanece renuente a percibir la diversidad del alumnado como un factor de valor que potencia la tarea en el aula, permaneciendo en la incertidumbre que aquélla le representa frente a la toma de decisión sobre cómo enseñar.

El pensamiento que aboga por permanecer en la homogeneidad para favorecer a la mayoría de los alumnos del aula se enfrenta con fuerza al reconocimiento de la diversidad de las formas de aprender y se instala en la exclusión.

Pensar en la educación inclusiva hace referencia a una aspiración y a un valor igual de importante para todos los alumnos, ya que cada uno espera sentirse, reconocido, tomado en consideración y, por lo tanto, incluido y valorado en sus grupos de pertenencia (familia, escuela, amistades o trabajo), de la misma manera que seguro con sus iguales (Echeita y Cuevas, 2011).

Las instituciones educativas se constituyen en un importante motor de cambio, desde el momento en que en ellas se producen habitualmente transformaciones y generan escenarios desde donde es necesario encontrar medios capaces de lograr esta inclusión, a la vez que detectar barreras que dificulten el aprendizaje y la participación.

Los equipos docentes y los equipos directivos pueden favorecer colaborativamente que esta aspiración se haga posible a través de prácticas comprometidas con el logro del éxito en los aprendizajes de los alumnos.

La participación en educación implica ir más allá que el acceso. Implica aprender con otros y colaborar en ellos en el transcurso de las clases. Supone una implicación activa con lo que se está aprendiendo y enseñando y cabría decir lo mismo en relación con la educación que se está experimentando. Pero la participación también implica ser reconocido por lo que uno es y ser aceptado por esto mismo. Yo participo contigo cuando tú me reconoces como una persona semejante a ti y me aceptas por quien soy yo (Booth, 2002, p. 2).

Cualquiera, en algún momento de su trayectoria escolar, puede encontrarse en una situación que limite su participación y, a causa de ello, resentir su bienestar, su equilibrio personal y relacional. También puede tratarse de personas o grupos que se encuentran vulnerables o en mayor riesgo que otros en el momento de vivir plenamente el sentimiento de pertenencia y valoración, como puede ser el caso de personas con discapacidad, o provenientes de otros países que, por ello, no dominan la lengua del lugar, o quienes pertenecen a minorías étnicas, religiosas o con amplias diferencias culturales.

Pero la inclusión no solamente implica este sentimiento de aceptación, sino que también conlleva la preocupación por un aprendizaje y un rendimiento escolar de calidad, con las capacidades de cada estudiante y compartiendo todos las actividades de enseñanza y las experiencias de aprendizaje con sus pares, y no al margen de ellos.

Porque la mejor contribución de la educación escolar a la inclusión social de cualquiera es poder alcanzar el mayor nivel de logro y de cualificación escolar posible (Echeita y Cuevas, 2011, p. 20).

En una escuela, la elaboración de proyectos que involucren a toda la comunidad y que expresen una favorable atención a la diversidad, sin duda, es una señal significativa de adhesión a la inclusión. Para ello, tanto las prácticas como la cultura que se genera y las políticas que las favorecen, se espera que constituyan una articulación suficiente como para que se alcancen buenos aprendizajes y se logre la participación de todos en el mismo proceso.

¿Qué se necesita?

2 POLÍTICAS PÚBLICAS, PLANES, PROGRAMAS Y PROYECTOS

Y ahora… ¿por qué plantear estas cuestiones?

Suelen utilizarse estos términos, con frecuencia, casi como sinónimos. Si bien es cierto que mantienen una relación cercana, no tienen la misma amplitud ni precisión en cuanto a la función que desempeñan.

Cualquier proyecto que se construya depende no sólo de voluntades individuales, sino también de un amplio abanico de posibilidades, organizaciones previas, disponibilidad financiera, oportunidad, ubicación en el momento y situación de una organización, y de ella en el amplio sistema donde está inserta, por citar sólo una parte de todo lo que involucra.

Las instituciones forman parte de un sistema que también expresa principios, normativas, alcances, tanto como, a su vez, plantea líneas y cursos de acción que, al mismo tiempo que posibilitan la concreción de iniciativas, requieren regulaciones para su puesta en marcha.

Las *políticas públicas* son entendidas como intervenciones intencionales o como un conjunto de decisiones y acciones que enuncia un gobierno para hacer frente a los problemas que, en un momento determinado, se consideran prioritarios para la sociedad.

Representan marcos referenciales que no constituyen procesos lineales. Se expresan de manera formal, organizada, y responden a necesidades, generalmente definidas socialmente y que no pueden ser encaradas solamente en forma individual.

En este sentido, un aspecto en el que coinciden diversas definiciones sobre este tema es que *"se refieren a un ámbito de la vida que no es privado, sino público y colectivo, y que es sobre este ámbito sobre el cual se piensan, diseñan, ejecutan y evalúan"* (Nirenberg, 2010, p. 4).

Son acompañadas por objetivos que deben ser logrados, a la vez que intentan producir cambios hacia modelos deseables. Por eso, aspiran a ser públicamente legitimadas.

Cómo son priorizados los problemas, de modo de ser colocados en la agenda pública y concitar la atención de los gobiernos, está considerado una forma que tiene esa sociedad de evaluar y valorar las necesidades y las demandas de los diferentes sectores que la componen. Devela un posicionamiento sociopolítico y puede estar expresando la existencia de diferentes parcelas de poder que seleccionan unas prioridades antes que otras, de acuerdo con intereses diversos.

Cuando estas políticas responden a problemas puntuales que afectan a una sociedad o a sectores específicos de ésta, y que requieren el involucramiento y la regulación del poder público, adquieren el carácter de políticas sociales.

De esta manera y, siguiendo el pensamiento de Nirenberg (2010, p. 24), pueden pensarse *"como un conjunto de acciones públicas y/o privadas relacionadas con la distribución de recursos de todo tipo en una sociedad particular, cuya finalidad es la provisión de bienestar individual y colectivo"*.

Por lo tanto, pueden entenderse como un subconjunto de las políticas públicas; y, en ese sentido, quiénes serán los beneficiarios tanto como las decisiones respecto del financiamiento se convierten en puntos nodales en el espíritu y voluntad en que son sostenidas. Si bien se está haciendo mención, directa y/o indirectamente a las políticas públicas, las organizaciones, tanto públicas como privadas, también definen sus políticas.

Estas acciones y decisiones involucran a una multiplicidad de actores, sectores o niveles de gobierno. La política pública no es resultado de un proceso lineal, coherente y necesariamente deliberado de diseño o formulación, sino que es

¿Cómo se explicitan las políticas públicas y las políticas sociales?

Aparecen expresadas en lineamientos publicitados o anunciados por sus responsables; cada uno de ellos da lugar a *planes* que los proponen como una primera formalidad que va camino a la concreción.

De esta manera, un *plan* puede ser definido como un documento que plantea decisiones de carácter general, abarcativas, que tienen por finalidad trazar el curso deseable del desarrollo nacional, regional, de un sector, enmarcado en las políticas de gobierno. Hace referencia a bienes o servicios a nivel general para resolver problemas o satisfacer necesidades.

Se lo entiende como el *primer nivel de concreción* de las políticas, por eso se presenta como una expresión global que plantea objetivos y metas. Para ello, identifica medios necesarios, asignación de recursos; todo ello, articulado con las prioridades destinadas a satisfacer. Por eso mismo, en su formulación, se aprecian intenciones a largo plazo.

En un *segundo nivel de concreción,* de las políticas están los *programas*. Es decir, el plan expone las ideas y los lineamientos que representan a las políticas y que llevan en sí un enunciado claro de hacia dónde va esa gestión. Pero el plan, en sí, no es ejecutable sino a través de los programas, de modo tal que cada plan contiene varios programas.

Suelen ser definidos como un conjunto ordenado y coordinado de propuestas que tratan de acercar de una manera más concreta aquello que se expresa en ellos. Cada plan puede contener varios programas; o, dicho de otro modo, de cada plan se desglosan diferentes programas, ya que la magnitud del plan exige una reducción suficiente para que luego pueda ser ejecutable.

Establece prioridades de intervención, ya que generalmente los planes implican una cantidad de objetivos que no pueden ser resueltos en el mismo momento ni bajo las mismas circunstancias. Es una forma institucionalizada de operacionalizar un plan.

Puede expresarse en un ámbito, pero interactuar con otros; por ejemplo, salud y educación. Se plantean con un principio y un fin, a los efectos de su evaluación, pero pueden tener continuidad, ya que muchas veces los programas, aunque son valoradas sus intenciones, pueden requerir una mayor extensión, no sólo temporal sino también territorial. Generalmente, se despliegan a mediano plazo. Asignan recursos para hacer posible la ejecución y pueden seleccionar urgencias, necesidades, factibilidad de ejecución, identificando y organizando proyectos.

Es justamente acá donde aparece el *tercer nivel de concreción*. Si bien el programa se diferencia de los planes por su capacidad organizativa para separar, con criterios más concretos y objetivos más específicos, las propuestas de los planes, no está destinado a llevar a nivel de la práctica sus propuestas si no es a través de los *proyectos*.

De la misma manera en que el plan da lugar a diferentes programas que interpretan la forma de hacer accesible lo planteado, de manera extensa e integral, en este caso, este nuevo formato avanza sobre el escenario de la sociedad y genera modalidades prácticas que develan la finalidad de los programas y de los planes; y, en esa medida, de las políticas públicas y sociales.

Un proyecto puede ser definido como un conjunto de actividades concretas que se relacionan, articulan y coordinan entre sí, en un espacio y un tiempo acotados, con la intención de resolver un problema. Más concretamente, hacen referencia a acciones más limitadas que los programas, con alcances menos amplios, pero vinculados a los objetivos específicos de éstos.

Es decir, la vinculación entre los programas y los proyectos es bastante significativa. Aquello que los programas expresan y que no puede ser concretado en actividades acotadas por éstos, y que suele leerse en los objetivos específicos, es desarrollado en diferentes proyectos.

Acá puede inferirse que se trata de acciones que disponen tanto de tiempos como de recursos acotados. Ése es el motivo por el cual, al hacer referencia a los proyectos, se espera que se piensen y se desarrollen a corto plazo.

Desde esta perspectiva, cuando los problemas que encaran son de orden social, entendiendo por ello situaciones que afectan a una cantidad tan grande de personas que para hacerles frente no son suficientes los esfuerzos individuales, los proyectos de organismos de gobierno o de organizaciones de la sociedad civil pueden ser considerados herramientas de cambio, de mejora, y se espera de ellos y de los intercambios logrados que también dejen aprendizaje instalado.

Sea como componentes de un programa más complejo, como expresión de una política institucional o pública o como iniciativas de organizaciones de la sociedad civil o de los propios afectados, los proyectos sociales se insertan en realidades complejas y multidimensionales que implican aspectos económicos, políticos e institucionales (Nirenberg, et al., 2010, p. 34).

Un proyecto, entonces, está ubicado en un conjunto mayor; no se trata de intervenciones aisladas, ni se sostiene en una simple búsqueda de soluciones inmediatas, parcialidades o fragmentaciones. Por lo general, este tipo de acciones pueden poner en riesgo no sólo el programa del cual emanan o los lineamientos que le dan lugar, sino a la misma población a la cual está dirigido.

En general, hay un acuerdo, entre quienes teorizan sobre los proyectos, de que los éstos suponen la existencia de ciertos atributos que los hacen ser reconocibles y valorados. Uno de ellos es su *carácter integral*, que envuelve a la concepción misma del proyecto.

Es decir, al encarar un proyecto, además de los contenidos que se deberán tener en cuenta, su abordaje deberá estar sostenido por un pensamiento desde una perspectiva sistémica. Incidir sobre la realidad supone la consideración de que ésta constituye en sí un complejo sistema.

No es posible, entonces, pensar en acciones aisladas sin contemplar las múltiples relaciones y entramados entre las distintas partes que componen esa realidad, y sin advertir que no mantienen únicamente una vinculación causa-efecto; más bien, pocas veces esto sucede. *"La realidad es tan compleja como impredecible es su comportamiento"* (Ferrero, 2008, p. 38).

Este atributo, independientemente que se trate de una actuación limitada y puntual, no puede quedar fuera de la consideración del proyecto. Deberá ser la manera correcta de enmarcar adecuadamente las acciones.

Muchas veces, se ponen en funcionamiento proyectos que quedan sólo en producir asistencialidad, dejando de lado o dilatando el verdadero objetivo que los guía. Aunque sea necesario asistir, puede cumplirse con esta emergencia, pero al mismo tiempo producir las acciones pertinentes a las que convocó el proyecto.

Otro atributo es su *carácter participativo*, que hace referencia a que los actores comunitarios intervengan en las decisiones durante las distintas etapas.

Los proyectos que se formulan previendo esa participa-ción activa se constituyen en instrumentos para la cons-trucción de ciudadanía, que luego, dependiendo de las características contextuales, podrán reflejarse en interac-ciones y modos de relación igualitarios en otros espacios ampliados de la vida pública, promoviendo de tal manera la democratización (Nirenberg, 2010, p. 37).

Finalmente, otro atributo es su *carácter asociativo*, que re-fiere a los diferentes modos de articulación entre las diversas áreas de gobierno, instituciones, estructuras de la sociedad ci-vil y religiosa, que se hallan en los espacios de desarrollo de cada uno de los proyectos.

Desde esta perspectiva de interpretación de los proyectos, se puede afirmar que llevan en su organización una intención inclusiva en probables contextos en transformación. Por lo tanto, podrán promover lógicas de inclusión, equidad y ejer-cicio de los derechos, una adecuada construcción de ciudada-nías activas (Umbarila Laiton, 2015).

En un *cuarto nivel de concreción*, se encuentran las *activida-des*. Ellas son las acciones de intervención sobre la realidad, diseñadas con la intención de alcanzar los objetivos específi-cos de un proyecto. En ese sentido, quienes lo han elaborado imaginan, organizan, construyen y ponen en funcionamien-to actividades diversas que estarán vinculadas al sentido con que se lo ha pensado.

Sin embargo, muchas actividades requieren pasos previos o pueden descomponerse en una variedad de tareas que exi-gen la participación de diferentes actores. En este caso, se está haciendo referencia al *quinto nivel de concreción*, las *tareas*, que se pueden definir como acciones que tienen el máximo grado de concreción y especificidad.

Así como un proyecto requiere un número importante de actividades, éstas se concretan en una variedad de tareas.

Por ejemplo: en un *plan* social, puede pensarse en un *programa* para la tercera edad, dentro del cual tenga cabida algún *proyecto* de formación de abuelos "cuentacuentos", lo cual a su vez podría implicar *actividades* de capacitación, que a su vez requieran para ello la *tarea* de convocatoria de formadores en esa especialidad.

Esta relación entre los componentes hace referencia a la necesidad de mantener viva la idea de integralidad, participación y asociatividad, que le da un carácter complejo al proyecto y que alude a la inclusión desde su mismo origen.

¿Cómo se interpreta el Proyecto Educativo Institucional (PEI) —también denominado Proyecto Institucional (PI) o Proyecto Escuela (PE), según la jurisdicción de que se trate—, teniendo en cuenta esta teoría de proyectos?

Este proyecto, cuyo origen y cuyo sentido están en las instituciones educativas, puede ser interpretado como un importante y necesario espacio de orden político que sostiene su razón de ser en producir cambios. Pero, a su vez, y para ello, manifiesta su postura epistemológica, social, cultural, filosófica, de enseñanza, de aprendizaje, de gestión, etcétera.

No es rutinario ni persigue intenciones propedéuticas, es decir, no se constituye en un instrumento que indica de manera ordenada y certera qué se debe hacer, porque en su construcción interviene toda la comunidad educativa, cuyos integrantes serán los que describan el contexto y la situación donde se asienta esa institución, motivo por el cual, en su lectura, se dibuja la identidad propia de cada una de éstas.

También perfila y plantea el futuro deseado; y, para él, diseña propuestas que responden a demandas de todo el colectivo que conforma esa comunidad y su enclave social. Tales demandas articulan, a su vez, dimensiones técnico-pedagógicas, organizacional-administrativas, sociocomunitarias, que incluyen el marco de la política educativa de la jurisdicción de pertenencia, dando sentido al sistema en su conjunto.

Planificar no es otra cosa que el intento del hombre por crear su futuro y no ser arrastrado por los hechos (Matus, 1998, p. 4).

Proyectar remite a la idea de lanzar hacia adelante, pero la fortaleza de un proyecto se relaciona con la posibilidad que tengan los actores para concretarlo y, para ello, su capacidad de anticipar y coordinar la situación actual, la realidad circundante, las personas, el conocimiento y la valoración de la situación deseada.

Un proyecto educativo implica la incidencia en un campo de fuerzas sociales. Por eso, es necesario efectuar una interpretación asentada en los aspectos socioculturales del espacio donde se origina, además de una consideración de la historia institucional, sus símbolos, sus costumbres, su ideología, su capacidad adaptativa, entre otras cuestiones que hacen a su identidad.

A ello se agrega una lectura pedagógica centrada en lo que se espera de la institución en ese sentido, su capacidad de cambio, su disponibilidad de actualización, de capacitación, de compromiso. Tampoco queda fuera una lectura de orden administrativo-organizativo, suficiente como para administrar recursos. Esto hace referencia a la gestión institucional y sus posibilidades de apertura.

Al hacer referencia a las demandas, estos campos deben ser analizados, ya que se entrecruzan y pueden validar o no un proyecto, y hacerlo posible o no.

Y ahora ¿qué más sobre los proyectos?

3 INTRODUCCIÓN A LA TEORÍA DE PROYECTOS

Los proyectos comprenden tanto el diseño como la gestión, la evaluación y el control de lo ejecutado, motivo por el cual se constituyen como la parte más dinámica de todo el proceso anteriormente tratado.

Esto significa que, cuando se está delineando un proyecto, se están planeando una serie de estrategias, costosamente articuladas, que van a permitir encarar una situación problemática. No surgen como solución improvisada, sino como un trabajo organizado de un equipo, en el cual puede combinarse un análisis racional con la capacidad creativa.

No obstante, los proyectos pueden clasificarse de acuerdo con su alcance (nacional, provincial, regional, local, internacional), de acuerdo con el ámbito desde donde se desarrollan (cultural, académico, educativo, social, empresarial), y también, entre otras necesidades, de acuerdo con los objetivos (promoción, inversión, inclusión, expansión, desarrollo, cambio).

Desde ya, pueden combinarse alcance, ámbito, objetivos; por ejemplo, puede ser un proyecto local de inclusión educativa, o también un proyecto internacional, inclusivo para el desarrollo cultural.

En el caso de esta publicación, se va a hacer hincapié en los proyectos educativos de carácter inclusivo y sociocomunitario. Se entiende por tales aquellos proyectos que parten de una institución educativa, que implican la participación creativa de todos los interesados en dar solución a un problema detectado que los involucra, de modo tal de producir una mejora para sí mismos y con capacidad ejecutiva para compartir con los otros.

A su vez, se entiende que, en la participación, va involucrada la importante referencia al conocimiento, de modo tal que se espera que las acciones en las cuales va a desplegarse el proyecto, y las experiencias de enseñanza y de aprendizajes lideren su desarrollo, dejando en consecuencia saberes instalados, para beneficio individual y colectivo.

Ello supone poner en funcionamiento la creatividad, la innovación, prepararse para hacer frente a los obstáculos o las limitaciones, escuchar, evaluar y consensuar, instalar la observación, el análisis, el registro y la evaluación permanentes, dinamizar habilidades operativas, y también prepararse para adquirir destrezas que permitan construir diagnósticos de necesidades y posibilidades. Es decir, comenzar a pensar y hacer desde un enfoque de trabajo colaborativo, con una mirada amplia que supere los límites institucionales.

Un proyecto implica una serie de acciones que, organizadamente, dan cuenta de aquello que las personas esperan alcanzar, sea esto un objeto material, una situación determinada, un sueño…; en todo caso, se trata de algo que no está en el presente. O bien sí está, pero no en la condición deseada, lo cual supone que se aspira a una mejora, un cambio.

Este conjunto de acciones que mantienen una cierta estructura requiere que ésta siga algún criterio de organización. Por ello, al hacer referencia a los proyectos, es frecuente relacionarlos con su planificación, que lleva la responsabilidad de darle entidad.

En los diversos modelos de planificación, o en aquéllos de más uso, se intenta integrar o involucrar a los actores de distintas maneras, pero al mismo tiempo se plantea cómo tales actores se ubican frente al futuro del cual son parte y cómo, a partir de ello, adoptan variadas y no casuales decisiones.

Está claro, entonces, que no es posible instalarse en el futuro ni pensar en él desde la certeza; pero sí parece factible prever o suponer acerca de algo a través de lo conocido, y de una realidad que se construye por el lenguaje y la posible imaginación. Pero ello no da garantías de que efectivamente la realidad del momento se comporte en sintonía con esa imagen.

Estamos haciendo alusión a la construcción del futuro mediante el lenguaje o la imaginación, y ésa es una manera de hacer posible el que podamos empezar a tratar con él. Porque una cosa es trasladarse al futuro y otra tenerlo presente como brújula que guíe nuestras acciones, para construirlo.

No podemos tener la esperanza de predecir el futuro, pero podemos influir en él. En la medida en que las predicciones deterministas no son posibles, es probable que las visiones del futuro, y hasta las utopías, desempeñen un papel importante en esta construcción. Hay personas que le temen a las utopías; yo le temo más a la falta de utopías (Prigogine, 1994, p. 412).

Esto deja en claro que la relación que se mantiene con el futuro es que no se espera que las personas se adelanten a su presentación, sino que estén preparadas para la llegada de ese futuro, sin dejar de considerar que los tiempos sociales tienen características similares a las que corresponden a cualquier complejo humano, y su articulación puede ser un punto más a enfrentar.

Armar un proyecto no es actuar sobre la realidad de manera espontánea, sin haber logrado previamente una apreciación de comienzo y de finalización. Existen diversos modelos de proyectos que, en sus metodologías, develan cómo es interpretada la presencia de los actores sociales y sus intervenciones.

En ocasiones, se puede apreciar una clara delimitación de funciones, donde la toma de decisiones es una tarea de consenso, y en otras, aunque se hace alusión a la participación de todos, no es ésta una práctica habitual. Ello marca un posicionamiento diferente frente a cómo se piensa una u otra planificación.

Existen diversos modelos, de los cuales se van a tratar sólo algunos que representan las formas habituales en que son presentados los proyectos en la actualidad.

Uno de ellos corresponde a la *planificación normativa* que es aquella que intenta imponerse a los hechos mediante la fuerza de la razón; que, como expresa Pascal, es *"tan descabellado excluir la razón, como incluir sólo la razón"* (Gutiérrez, 2014, p. 14).

Se trata de un modelo positivista, sostenido desde el determinismo, que entiende que la realidad, como el futuro, depende de las acciones planeadas. En este modelo, un buen diagnóstico deja fuera cualquier posibilidad de incertidumbre, ya que va a ser capaz de reflejar una realidad indiscutible.

Por lo tanto, toda acción que se aplique a partir de tal certeza va a garantizar el producto futuro. Ese caminar entre el presente y el futuro deseado es, en definitiva, ni más ni menos que el propio planeamiento diseñado. Habrá que pensar, entonces, la responsabilidad que le cabe al planificador y el poder que se supone que posee.

El poder es la capacidad relacional que permite a un actor social influir de forma simétrica en la decisión de otros actores sociales de modo que se favorezca la voluntad, los intereses y los valores del actor que tiene el poder (Castells, 2009, p. 33).

Es decir, la planificación normativa ignora a la diversidad de actores, suponiendo sus comportamientos. Parecería que hay un solo actor, el planificador; los demás son actores secundarios con reacciones predecibles. Implica un proceso riguroso, específico, en el cual quienes lo ejecutan deberán seguir los lineamientos planteados, sin omitir ninguno de ellos, ni alterar su orden reglamentado.

Está basado sobre la idea del "deber ser" y sobre una teoría del comportamiento social que se nutre de las relaciones causa-efecto, admitiendo, en consecuencia, que el efecto es esperable y que, de por sí, se expresa en un conductas cuantificables (Matus, 1998).

Los modelos que se van construyendo en el tiempo no suelen romper bruscamente con el paradigma anterior. Es más, suelen encontrarse diferentes miradas que permiten abandonar algunas prácticas en uso, pero que, no obstante, tienden a recuperar otras, probablemente más adaptadas a nuevas concepciones.

Desde otra perspectiva, la *planificación estratégica situacional* constituye un proceso dinámico y flexible, que tiene en cuenta la posibilidad de los cambios que pueden producirse a lo largo de todo el proceso. Desde este enfoque, uno de los factores que se destacan es el reconocimiento del otro en la toma de decisiones y en todas las acciones que el cumplimiento de los objetivos así lo requieran.

Los intereses están compartidos. Las acciones no corresponden a comportamientos sino a estrategias. Al reconocimiento de otros actores que viven y aprecian la misma realidad, se suma la plasticidad adaptativa al entorno, pleno de sorpresas e incertidumbres, propio de cualquier sistema social.

Esta planificación se presenta como un modo sistemático de gestionar el cambio que, a diferencia del anterior, se permite un diagnóstico orientativo que no tiene el carácter de predictibilidad; ni tampoco los actores son predecibles. La complejidad social reconoce la diversidad como aspecto de alto valor significante. En este caso, la idea que rige es la de "podría ser" y la "voluntad de hacer".

El contexto del plan es un pasaje continuo entre conflicto, concertación y consenso. El objeto no sólo se resiste a ser planificado, sino que tiene planes propios. (...) Las fuerzas sociales y los actores sociales son el centro del plan (Matus, 1998, pp. 69-70).

La participación, ausente en el modelo normativo, que puso en evidencia el reconocimiento de actores primarios y secundarios, y que los segundos se sintieran ignorados y subordinados a sus mandatos, por la no consideración de su presencia, constituye un punto esencial en el modelo estratégico.

Es decir, desde este enfoque, la participación, entendida como un proceso a través del cual las personas intervienen en acciones de orden colectivo y público, tiene su sentido en tanto se verifique en intervenciones respecto de decisiones, gestiones, iniciativas que afectan al colectivo social al que pertenecen.

Pero esta intervención no debe confundirse con asistencia, error frecuente que coloca a un proyecto más cerca de la normatividad que del cambio.

En suma, se habla de participación como deseo y no como puesta en práctica, como una exigencia epistémica que debe plasmarse en la estrategia metodológica oportuna, con los mecanismos precisos (Gutiérrez, 2014, p. 41).

El modelo estratégico situacional también propone una actualización permanente, ya que las situaciones van cambiando constantemente, no sólo por el propio proceso que se va poniendo en marcha, sino también por los contextos que los abarcan.

Esta dinámica es lo que enriquece al proyecto, siempre que sea posible que tales variaciones sean interpretadas hacia el interior de éste como hechos a develar, a comprender, incorporar y situar. Desde ya, toda dinámica de planificación con carácter participativo implica un proceso reflexivo en una relación sujeto-sujeto.

¿Cómo se diseña un proyecto?

4 ELABORACIÓN DE PROYECTOS INCLUSIVOS. SUS COMPONENTES

Un proyecto desarrolla un ciclo de vida, desde su identificación, pasando por su diseño, su ejecución y su evaluación. Estos cuatro procesos, de tan simple enumeración, entrañan un complejo entramado de actores, espacios, decisiones, acciones, consultas, resistencias, valoraciones, entre otras cosas más. Ello es lo que se va a desplegar a partir de este momento.

Es frecuente advertir que, cuando se propone bosquejar un proyecto, los integrantes del equipo responsable de esta tarea, ya sea por haber sido designados como tales, ya sea por propia iniciativa, busquen modelos a los efectos de usarlos como medio de referencia para poner en funcionamiento esta labor.

Las guías donde se enuncian todos y cada uno de los componentes de un proyecto pueden resultar de gran utilidad para que las personas comiencen a comprender que la tarea que los convoca los constituye como parte integrante; por lo tanto, aquello que se intenta plasmar en el papel les concierne, son actores de lo que van a producir…, no están fuera de la situación, lo cual no es poca cosa.

¿El diseño actúa como organizador? Efectivamente es así, pero el problema se plantea cuando los actores, frente al pánico de la hoja en blanco, tal vez sepan qué tienen que hacer, pero duden respecto de cómo hacerlo. El proyecto, o el documento que expresa y contiene al proyecto, puede ser diseñado de diferentes maneras, aunque suele haber un estilo implícito respecto de cuáles son sus componentes.

No obstante, si bien esto se tiene en cuenta, una cosa es el orden en el cual se presenta y otra es el orden en el cual se comienza a diseñar. Esto es así porque es frecuente que quien no tiene la práctica de ejecución de proyectos empiece a escribir el título, cuando es aconsejable dejar esto para el final, momento en el cual el escritor novel va a tener muy clara la síntesis que mejor expresa aquello que ha diseñado.

En principio, no viene mal aclarar que este período de comienzo, tan simple y tan complejo a la vez, suele ser más común de lo que se cree. Quizá surjan muchas ideas, pero no se encuentra —o se hace casi invisible— la punta del hilo para tirar de él, y organizar de manera clara y concreta la maraña de ideas que las personas intentan expresar o que no pueden hacer tal como lo piensan.

Es frecuente también que, en el momento de resolver qué antes y qué después, se desarrollen largas discusiones muy similares a la conducta de los cachorros cuando persiguen su propia cola... La solución parece encontrarse en la búsqueda de un experto en el tema, capaz de comprender a todos y cada uno. La idea no es mala, pero a veces es muy costosa. La propuesta es intentarlo, sabiendo que, como todo comienzo, lleva un tiempo de adaptación.

Sin duda, su ejecución puede reducir la incertidumbre, dar claridad a las acciones, y asignar recursos y responsabilidades para cada una de las personas involucradas. No puede negarse que, en esas circunstancias, la acción resulta mucho más compleja que lo que un buen manual instructivo intente aparentar.

Si bien esto es así, lo que no puede quedar sin considerar es que se trata de una planificación que involucra, tal como expresan Nirenberg y otros (2010, p. 40):

Un proceso por el cual se prevén y determinan los pasos necesarios, las acciones a desplegar y los diversos recursos requeridos para modificar una situación actual que se presenta como problemática o provoca disconformidades, de modo de poder arribar a una situación deseable en el futuro.

Es importante recordar que un proyecto es un ejercicio de anticipación; esto pone en funcionamiento no sólo el conocimiento que se tiene de esa realidad, sino también su proyección en el futuro, tanto como su relación y su pertinencia respecto del pasado. Todo proyecto es parte de una historia y se asienta sobre procesos previos que también vienen cargados de historicidad.

No es raro observar situaciones que se piensan como ideales a lograr, pero éstos no son los que las personas que habitan esos espacios consideran deseables. Si se van a producir cambios, éstos deberán ser consensuados; y, si las personas se encuentran renuentes a su aceptación, a pesar de la necesidad que ello implica, deberán ser analizados en presencia de quienes supuestamente serán beneficiados.

Por lo tanto, lo que se requiere, indefectiblemente, es la identificación de la situación problemática y cómo se puede imaginar esa situación en el futuro sin el problema planteado. Esto suele hacer referencia a dos términos habitualmente utilizados al diseñar un proyecto: la *misión* y la *visión* del espacio y el contexto en el cual se dan las acciones.

La *misión* define a la situación actual, aquella sobre la cual se pretenden efectuar cambios, pero tal como se encuentra en el presente. Es un ejercicio de percepción, de observación atenta y comprensiva, que va a arrojar datos sobre la situación y su contexto, sus acciones y su sentido, a la vez que devela la realidad del problema que da origen al proyecto.

La *visión* alude a la imagen de futuro que se desea, a los cambios que se proyectan y sus consecuencias. Ambos estados se encuentran vinculados e involucran una realidad y una idealidad posibles. Por eso, es tan importante identificar el primero, como considerar, analizar y proyectar el segundo. Una de las fortalezas de un proyecto es tener igualmente claras y definidas las necesidades del presente y las acciones que harán posible que se pueda concretar el futuro.

En consecuencia, se podría afirmar que uno de los componentes del inicio de la planificación de un proyecto es el *diagnóstico*. Es posible que no sea necesario definir este concepto, ya que, como parte de una opinión médica o de una apreciación social, se puede comprender de qué se trata.

Sin embargo, tal como sucede en esas otras situaciones, los errores que es posible cometer a través del diagnóstico pueden tener repercusiones muy importantes en el futuro.

Por lo tanto, se tratará de conceptualizar este término como *un estudio o indagación en profundidad sobre la realidad objeto del proyecto*, lo cual implica la recopilación de información, su organización, su interpretación y su análisis sistémico, con la intención de comprender su funcionamiento y el contexto, a los efectos de adquirir conocimiento suficiente para poder proponer cambios y acceder a lo deseable.

Es decir, el diagnóstico tiene la función de ofrecer un conocimiento confiable acerca del problema sobre el cual se van a encarar las acciones correspondientes al proyecto. Se espera con ello abarcar la magnitud de éste, su caracterización, los aspectos que inciden sobre él, tanto como la influencia que tal situación ejerce sobre los demás.

De esta manera, no sólo se tiene un conocimiento real sobre los hechos, su dimensión y focalización, sino que además se podrá evaluar la necesidad de la puesta en marcha de la propuesta.

Este análisis situacional implica una observación atenta sobre la contextualización, las necesidades expresadas, la motivación explícita, los factores que inciden en el problema manifestado y la capacidad —tanto institucional, regional, local como legal— para instalar la propuesta.

Esto implica tener la posibilidad de diálogo con los actores institucionales de donde emerge el proyecto, los actores comunitarios, alentando la escucha desde todos los sectores comprometidos.

Cuando se trata de escenarios donde son numerosas las personas que participan, y especialmente pertenecientes a sectores de marcado nivel de protagonismo, los ejercicios de poder ejercen una fuerte presión que, a veces, invisibilizan las verdaderas necesidades.

Esto se hace muy evidente en proyectos donde intervienen instituciones como las educativas y los espacios comunitarios externos. Las buenas intenciones parecen disfrazarse de intentos de lograr cambios en un entorno que no los aprecia o no percibe su necesidad. No olvidar que una cosa es definir una necesidad y, en consecuencia, *proponer* un cambio, y otra es *imponer* una modificación cuando no se vive la necesidad.

Es por eso por lo que, frente a estas circunstancias, es aconsejable poner en funcionamiento estrategias de coparticipación que inviten a un protagonismo compartido que, lejos de asumir actitudes de coerción, tienda a buscar acercamientos y producir cambios desde voluntades de cooperación.

El diagnóstico también demanda un componente descriptivo y otro explicativo.

El primero refiere al logro de información suficiente para contextualizar el problema y su pertinencia a través de datos suministrados por los interesados, ya sea por pertenecer a la institución y su entorno, ya sea por los relatos que provienen de sus experiencias y de sus conocimientos objetivos.

El segundo, no menos importante, está vinculado a la captación de causas o factores condicionantes que dan cuenta de la situación observada y del contexto donde se manifiesta. Esto requiere disponer de evidencia suficiente que justifique la pertinencia del proyecto.

Otro factor importante que también compromete al diagnóstico inicial es lo referente a los aspectos legales, normativos, financieros que envuelven el proyecto. ¿Por qué adelantarse tanto? No es raro que suceda, en la práctica cotidiana, que esto se contemple tardíamente, tal vez confiando en saberes previos o en el sentido común, olvidando que todo lo que concierne a estas cuestiones puede estar muy claro para los funcionarios, y no necesariamente para los actores institucionales.

Muchas veces, un desconocimiento de todo ello puede hacer que se desmorone un proyecto que, a simple vista, estaba cargado de buenas intenciones. Si depende de autorizaciones o de presupuestos, lo más probable es que requiera indagaciones previas y una iniciación temprana de trámites.

En el planteamiento del problema, seguramente va a ser importante analizar cómo y cuándo aparece, por qué y dónde se origina, quién o qué lo origina, cuáles son las causas y los efectos que produce, sin dejar de lado un análisis del contexto en el cual se expresa el problema.

La información que se obtenga y que sirva para realizar el diagnóstico puede provenir de diversas fuentes, como la observación directa, el conocimiento que surge de registros que se hacen en la institución o el espacio donde se encuentra el problema, las personas que son parte de la situación, estadísticas, etc. Todo ello es fuente de diagnóstico, ya que refleja el aquí y ahora, pero debe ser consignado en el proyecto.

Existe una forma convencional de análisis situacional que se ha popularizado como matriz FODA. Se trata de una herramienta utilizada como mecanismo de análisis de la realidad y de la toma de decisiones. Su nombre proviene de cuatro ideas que centran el análisis: Fortalezas, Oportunidades, Debilidades y Amenazas. A su vez, éstas se encuentran vinculadas a factores positivos y negativos, internos y externos.

De esta combinación, es posible advertir cuáles son los aspectos que deben ser trabajados, previamente a la producción del proyecto, y cuáles resulta importante mantenerlos porque representan los factores de mayor fuerza para la institución o para la ejecución del proyecto.

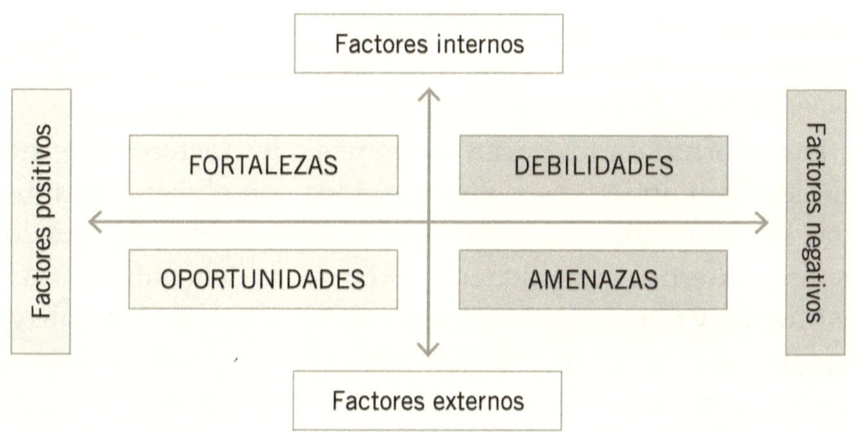

Este análisis permite visibilizar, a través de una evaluación contextual, la situación interna de una institución, a la vez que da cuenta de los tipos de vínculos con el exterior, ya que tanto el adentro como el afuera representan factores mutuamente influenciables.

Se trata de una herramienta simple que ofrece la posibilidad de apreciar, desde una perspectiva general, la situación estratégica en la que se encuentran los espacios comprometidos en un proyecto, a la vez que da la oportunidad también de ajustar y/o equilibrar la interrelación entre los dos medios, y percibir la capacidad interna de la institución y de su entorno.

Una fortaleza para la institución puede ser la habilidad de los actores para mantener relaciones cordiales hacia el interior, así como para con las personas ajenas a ella. Una debilidad constituye un factor que coloca a una institución en situación de vulnerabilidad y que puede ser reconocida por sus miembros, pero no tanto por el afuera. También puede tratarse de una situación inversa, donde se perciba que las personas, si bien tienen buen vínculo con el afuera, no pasa lo mismo hacia el adentro.

Es decir, las fortalezas hacen referencia a atributos propios de la institución que tienen marcado signo positivo. Las debilidades señalan rasgos que, aunque están bajo el control institucional, limitan su capacidad para alcanzar los objetivos deseados.

Las oportunidades hacen referencia a los factores externos que resultan atractivos y van cargados con el signo positivo para la institución, en tanto las amenazas refieren a aquellos factores externos que pueden quedar fuera del control para la institución y que, por ello mismo, representan un elemento de riesgo para el logro de los objetivos.

Estos factores no necesariamente hacen foco en el presente, sino también en las amenazas, y también las oportunidades, que pueden manifestarse en el futuro, y cómo ello puede influir en el desarrollo de la institución.

Una estrategia puede ser comenzar por los factores externos, ya que van a brindar información sobre las oportunidades que ofrece el entorno y cómo pueden beneficiar al desarrollo del proyecto; eso sí, sin dejar de lado la posible presencia de amenazas, que a su vez, si se advierten, pueden dar señales significativas que permitan accionar para evitarlas o eliminarlas, o bien para indagar sobre ellas y descubrir su origen.

Esto va a arrojar información que, a través de acciones estratégicas, pasen a adquirir el carácter de oportunidades. Para el análisis de éstas, se pueden considerar factores de orden económico, legal, sociológico, demográfico, político, medioambiental, tecnológico, cultural, educativo, local, regional, etcétera.

En cuanto al análisis de los factores internos, es importante conocer cuáles son las fortalezas y cómo, a través de ellas, el proyecto adquiere potencia. También se indagará sobre cuáles son las debilidades y cómo los actores institucionales, al reconocerlas, se hacen cargo de ellas y están dispuestos a superarlas.

Para su análisis, puede ser de utilidad hacer eje en los siguientes aspectos (aunque no se agota en ellos):

> *Actores (docentes, autoridades, personal administrativo y de servicios):* el claustro, los equipos, las redes, su formación, habilidades, relaciones con padres y el entorno institucional, alumnos, participación, predisposición, experiencias previas, etcétera.

> *Edilicios:* incluye no sólo lo estructural (edificio), sino también su equipamiento y su disponibilidad; también se involucra cualquier otro espacio que ha sido considerado para el desarrollo del proyecto.

> *Procesos:* gestión, planificación, enseñanza, aprendizaje, evaluación, espacios disciplinares (ciencias naturales, educación física, tecnología, etcétera).

> *Productos:* tareas concretas en la institución de acuerdo con el rol que desempeñan, acciones acordadas en y con el entorno, convenios, evaluación, etcétera.

¿Qué utilidad puede tener este tipo de diagnóstico?

Lo importante es tener claridad respecto de la situación, a los efectos de poder potenciar los aspectos positivos, ya que son los que van a provocar movilidad, de la misma manera que buscar estrategias que les saquen fuerza a las amenazas y que sea posible reducir las debilidades.

Suele encontrarse, en los manuales y los textos referidos al tema, un cuadro que devela estrategias ofensivas (que hacen valer sus potencialidades y son capaces de encontrar en el afuera la energía suficiente como para articular las acciones en su beneficio), defensivas (menos cohesionadas que las anteriores, pero que rescatan la fortaleza de origen), de retroalimentación (importante en situaciones que, por falta de confianza en los propios valores, tal vez a causa de un marcado desprestigio, pueden retornar a etapas anteriores en que la institución se percibía con mayor poder de convocatoria) y supervivencia (buena estrategia en tanto la institución se equipe con otras formas de marcar su capacidad de ejecución), como el que sigue a continuación:

FODA	ESTRATEGIA
Ofensivas (FO)	Aprovechar tanto las fortalezas (internas) como las oportunidades (externas) para alcanzar el objetivo.
Defensivas (FA)	Utilizar las fortalezas de la institución, como minimizar o contrarrestar las amenazas externas.
Retroalimentación (DO)	Superar las debilidades (internas), aprovechando las oportunidades que ofrece el entorno.
Supervivencia (DA)	Ante las debilidades (internas) y las amenazas (externas) a las que se enfrenta el centro, es necesario optar por un cambio para superar ambas situaciones.

Lo importante en este tipo de análisis es ser realistas, sin engaños, ya que se trata de un buen elemento diagnóstico que va a ser nodal en la toma de decisiones. No se trata de una predicción sobre el futuro basada en el pasado y en el presente; es un análisis organizado que da lugar a que se definan estrategias de trabajo que serán evaluadas con posterioridad.

Detectar cuáles son las amenazas y las debilidades de una institución puede llevar a que se traten aspectos delicados de la vida de ésta, algunos de los cuales no han sido percibidos por todos; por lo tanto, será necesario generar un buen ambiente previo, mucha confianza, tolerancia y respeto para que el ambiente de diálogo pueda desarrollarse libre y satisfactoriamente.

Un buen diagnóstico, consensuado por los agentes implicados y con adhesión de los sectores correspondientes, puede ser estratégico para obtener apoyo. Además, el hecho de conocer y presentar la propuesta permite definir y delimitar el *problema*, ahora sí, de manera más segura.

Por lo tanto, ya se está en el ámbito del diseño del proyecto propiamente dicho, donde no van a faltar avances y retrocesos. Supone producir y decidir sobre un recorte de algo que se quiere cambiar. En el planteamiento del problema, seguramente va a ser importante analizar cómo y cuándo aparece, por qué y dónde se origina, quién o qué lo origina, cuáles son las causas y los efectos que produce, sin dejar de lado un análisis del contexto en el cual se expresa ese problema.

Pero en esto también se debe tener cuidado y no caer en el error de suponer que se está en condiciones de dar solución a todos los problemas, y mucho menos al mismo tiempo. En todo caso, si la situación lo requiere, habrá que pensar que, tal vez, sea necesario acudir al planteo de subproyectos. Eso sí, siempre que se cuente con las posibilidades reales de encararlos.

No olvidar que, desde la perspectiva que se plantea este enfoque, se alienta la modalidad holística y sistémica. Por lo tanto, es necesario asumir que es posible planificar y organizar actividades que se reúnan en un proyecto para alcanzar objetivos de inclusión educativa, derecho de todos a una educación de calidad que hace posible el desarrollo de las personas y las sociedades, y el ejercicio de otros derechos.

El problema se plantea desde un modelo participativo, ya que las instituciones, como ecosistemas, constituyen entramados multidireccionales, tanto en lo referido a vínculos como a roles. Sin duda, el problema que da lugar a un proyecto inclusivo, educativo, participativo, comunitario, que a su vez tiene su origen en una institución educativa, deberá expresar la idea comunicativa entre la escuela y su entorno.

Esto indica que los actores internos y externos mantienen una relación dialógica que dará lugar a que el proceso se encamine dinámicamente y que posiblemente se vea favorecido por los factores externos, al mismo tiempo que el ámbito comunitario se beneficie con las influencias de los factores internos. Pero esto no es posible si no existen voluntades compartidas y si no se asientan sobre necesidades genuinas.

El planteamiento del problema será entonces el reflejo de algo que la institución pueda haber advertido como faltante, preocupante, carente, convocante a la participación. No pocas veces, esto escapa a las posibilidades de los actores, pero no es raro percibir que, en cuanto comienza a circular por el interior de los espacios escolares, se van apropiando de la idea y de otras que surgen paralelamente.

Por ejemplo:

Durante un recreo en una escuela ubicada en un barrio de una localidad provincial, se comenzó, de manera casual, a plantear la necesidad de reapertura de un viejo club comunal que se cerró por falta de mantenimiento y que las escuelas de la zona podrían utilizar para llevar a los alumnos en las clases de educación física y, tal vez, poder retomar los torneos interinstitucionales que se suspendieron por falta de un lugar apropiado; y, tal vez, la oportunidad de proponer a los padres que colaboraran en el mejoramiento de las canchas de futbol o de básquet, y quizás plantearlo a la comuna para que se cuente con los recursos necesarios, y quizás que la cementera de la zona pudiera facilitar algunos materiales y...

... si hubiera quedado en el espacio reducido de un momento de descanso, o mientras se saborea algo durante un recreo, puede perderse la oportunidad de producir un proyecto institucional que dé lugar a la participación de muchos actores y que satisfaga necesidades para ese mismo colectivo.

Es posible que se encuentren frente a un problema que puede dar origen a un proyecto institucional que convoque también a la comunidad contextual, ya que, al comenzar a poner las piezas en su lugar, se llega a la conclusión de que esa idea primigenia, que ya nadie recuerda quién comenzó a plantearla, puede constituirse en un buen recurso para resolver más de un problema. Se habilita un lugar inactivo, se cuenta con un espacio de juego aprovechado por toda la comunidad, se pueden generar oportunidades laborales.

De la misma manera en que el tema se va instalando en las aulas, y los aportes disciplinarios van enriqueciendo un proyecto donde docentes, padres, alumnos son participantes activos, transversalmente se van generando otros proyectos de indagación donde cada nivel va aportando a un proceso que les pertenece a todos.

Si hubiera quedado solamente como una idea para solicitar una entrevista y tener una conversación en la Intendencia, a los efectos de formular el pedido de reapertura, en el mejor de los casos podría haberse logrado, pero la experiencia de toda la comunidad y el aprendizaje logrado en el armado del proyecto, y los logros obtenidos en todo el proceso, se hubiesen perdido.

La pregunta que surge, entonces, es cómo se definen las problemáticas, quién lo hace, para quién, desde qué supuestos se constituyen, cómo se priorizan las necesidades, cómo se interpretan. Es deseable que la construcción del problema sea la consecuencia de un proceso que se inicia en una demanda y un análisis de posibilidades.

En las instituciones educativas, es frecuente observar cómo las mismas prácticas de enseñanza y de aprendizaje, vinculadas a situaciones de la vida cotidiana, se dan cita en las aulas, en los espacios de recreación, en los intercambios de docentes con docentes, de docentes con padres y demás miembros de la comunidad.

Muchas veces, quedan en simples intercambios, y otras veces, son apropiadas por toda la institución, generándose proyectos pedagógicos que atraviesan los muros y llegan al afuera, con resultados bastante promisorios.

Identificada la necesidad y planteado el problema, llega el momento de formular los *objetivos*, entendiendo por tales la situación que se desea obtener al final del proyecto. Los objetivos responden a la pregunta ¿para qué se plantea el proyecto?

Indica el destino o los efectos que se pretenden alcanzar con su concreción; por lo tanto, deberá tenerse en cuenta, para su formulación, la relación directa con la problemática a resolver. Tienen que ser concretos, claros y precisos, lo cual significará evitar el uso de términos ambiguos o recurrir a conceptos que no han sido especificados en la formulación del problema. Se plantean con la utilización de verbos en infinitivo, ya que de ellos van a surgir las acciones que se concreten luego.

Suele confundírselo con las finalidades, que aluden a una intención o un propósito a futuro, que es probable que se alcance como resultado del proyecto. El logro de la inclusión social a través de proyectos comunitarios puede ser una finalidad, pero cada proyecto tendrá su objetivo particularizado.

Si el objetivo se plantea como *favorecer las prácticas inclusivas en una escuela de la localidad* X, esto sí constituye una realidad posible, ya que está señalando que, a partir de *esta* experiencia en *esa* escuela, se podrá contribuir a la generación de condiciones que podrían —a futuro— contribuir a que la inclusión se instale en la región.

Es decir, sin duda, cuando se plantea un proyecto y se piensa en los objetivos, siempre habrá una finalidad a largo plazo, que podría constituirse como una imagen deseada a posteriori. En los proyectos sociales, es muy difícil definir cuándo se puede pensar en el punto final.

No es extraño que un proyecto que, al inicio, se pensó como un conjunto de actividades con una finalización previsible, en el proceso fue generando mayores expectativas y terminó siendo la piedra fundamental que dio origen a mejoras impensadas en su comienzo.

Los objetivos pueden plantearse como generales y específicos. El *objetivo general* se dirige a la macroestructura del proyecto, se refiere al nudo central. Si el proyecto que se está planificando deviene de un proyecto institucional en funcionamiento —que es lo deseable—, este objetivo general puede estar dado por el mismo PEI.

Es importante, de acuerdo con lo que expresa la metodología de investigación, que cada proyecto tenga un solo objetivo general, ya que, si es necesario formular más, significa que se trata de más de un proyecto. Esto, que proviene del campo de la investigación, parece absolutamente ajustable a los proyectos del ámbito socioeducativos.

Los *objetivos específicos* constituyen los hitos que permiten el logro del objetivo general. Surgen de él, ya que el primero tiene un mayor rango de generalidad porque abarca todo el proyecto. En consecuencia, requiere complementarse con un plano de mayor especificidad. En este caso, no confundir con las actividades. De cómo se formulen es de donde van a surgir las actividades, que constituyen un nivel más concreto de ejecución.

En este momento, es importante abrir otro espacio en el diseño de un proyecto, el que corresponde a la *fundamentación* o *justificación*, que hace referencia al *marco teórico* que sostiene a la producción. Este espacio está destinado a expresar los criterios y las razones que, desde una argumentación lógica, avalan esta construcción. Responde a la pregunta ¿por qué se desarrolla este proyecto? Constituye su origen y su razón de ser.

Dos cuestiones deben encararse al comienzo: por un lado, la prioridad y la urgencia que el proyecto representa; y, por otro lado, los motivos por los cuales se cree que, en lo que se plantea, está la solución viable para encarar el problema, sin dejar de lado los posibles efectos de la no intervención.

Respecto de este asunto, se requieren ciertas precisiones, tales como la relación entre fundamento y argumentación.

Si bien están íntimamente relacionados, el primero refiere a aquello sobre el que se apoya un argumento, es la base teórica que sostiene al proyecto; la segunda remite al razonamiento utilizado para demostrar o convencer sobre algo que se afirma, en este caso el proyecto.

> *Muchas veces se justifica el proyecto pero no se fundamenta adecuadamente en base a un diagnóstico de situación. Otras veces se aportan datos acerca del problema que se pretende resolver con el proyecto, pero se olvida incluir una evaluación que justifique por qué el proyecto es lo mejor que se puede hacer en esa situación* (Ander-Egg y Aguilar Idáñez, 1995, p. 33).

Es importante, durante la fundamentación teórica, que se incluyan los aportes de investigaciones ya producidas, que desde enfoques conceptuales diversos puedan iluminar para su comprensión. También es necesario justificar su factibilidad, sus posibles limitaciones y el impacto supuesto con la ejecución del proyecto.

No es de extrañar que un análisis posterior lleve a observar que se han superado las expectativas, ya que no sólo se ha logrado lo esperado, sino que también ha impactado en otros ámbitos no previstos.

Otro componente que no debe faltar en la elaboración del diseño es el correspondiente al señalamiento y la especificación de los *beneficiarios*. Esto es la identificación, los criterios utilizados para la selección y el perfil de aquellas personas que reciben los efectos del proyecto y en qué consiste el beneficio.

Ello indica, entonces, que habrá beneficiarios directos, que son aquellos sobre los que se pensó en el diseño, como también beneficiarios indirectos, que pasan a ser las personas que, como consecuencia del proyecto y de las acciones desarrolladas, también se favorecieron.

Tal el caso de un proyecto que contemple como beneficiarios directos a los alumnos de una institución, incluyendo a sus familias, pero que, indirectamente, el resto de la comunidad educativa, incluyendo el entorno institucional y de las familias favorecidas, también reciban los efectos del proyecto.

Esto es frecuente en cualquier emprendimiento social, mucho más si tiene carácter comunitario e inclusivo, justamente porque la intención está puesta en la *inclusión*.

Los *recursos* necesarios para la ejecución de un proyecto no pueden quedar fuera, ya que en la práctica pueden detener la marcha del proyecto. Es importante planificar su disponibilidad en el momento en que se está escribiendo el proyecto o, más bien, antes de plasmarlo en el papel.

Muchos recursos necesarios (imprescindibles no pocas veces) requieren indagaciones previas, y muchas veces exigen tramitaciones costosas que dilatan la misma ejecución del proyecto. Es importante preverlas y proceder a su gestión para evitar problemas mayores en el curso de la acción; y no se refieren sólo a lo que hace a lo económico, sino también a la solicitud de autorizaciones para actuar sobre determinado sector.

Los recursos pueden ser humanos, materiales, financieros, etc. Aunque parece algo obvio y que no requiere más que ejecutar un listado (qué también es forzoso para no olvidar nada), en el momento de pensar en ellos es necesario acordar con todos los actores su factibilidad. Las personas con las que se cuenta, sus perfiles, sus posibilidades y competencias, su disponibilidad horaria y de adhesión al proyecto no son cosas que se deben dar por sabidas.

Es imperioso tener la conformidad de cada interesado. En cuanto a los recursos materiales, no pueden dejarse librados al momento en que se necesiten, porque se supone que están disponibles; no siempre es así. Respecto de los financieros, es preciso realizar cálculos ajustados a las necesidades, y es aconsejable también realizar consultas con expertos en el tema, ya que las estimaciones sin apoyo experto entran en la categoría de *voluntarismos*.

Las *actividades* constituyen otro de los componentes que caracterizan a los proyectos y se encuentran en un alto nivel de concreción. En este caso, se está haciendo referencia a la realización de un conjunto de tareas organizadas para el logro de los objetivos.

Dichas acciones deberán tener un orden secuencial e integrador, especificando en qué consisten, cuál es su objetivo, quién o quiénes las ejecutan, cuáles y cuántos son los recursos que se requieren. Fundamentalmente, deben estar claramente definidas, incluyendo su descomposición en tareas.

Una actividad consistente en una salida de fin de semana, para acampar en una zona alejada de la escuela con un grupo de alumnos y sus respectivas familias, implica una cantidad de tareas que la hacen posible como, por ejemplo, contratar el servicio de traslado, el material de acampe, proveer de alimentos, gestionar el permiso para colocar las carpas, etcétera.

Puede ser que esa actividad, además, contemple subactividades que también requieren tareas simples pero necesarias. Por ejemplo, destinar un equipo para la organización de las actividades recreativas, otro para actividades de reconocimiento del lugar, otro para la organización de grupos de reflexión, etc.

Todo ello, a su vez, también se puede descomponer en un número considerable de tareas. La articulación de todo, sin duda, requiere una organización previa que, aunque esté pensada desde criterios flexibles, no significa que dependa del azar.

Es necesario tener en cuenta, entonces, que las actividades no sólo responden a acciones que se ejecutan cotidianamente, sino que pueden requerir instrumentos metodológicos y técnicos que se ponen en funcionamiento para ejecutar las propuestas; por ejemplo, observaciones, entrevistas, dispositivos específicos para lograr resultados como diagramas, encuestas, etc. En estos casos, deberá especificarse claramente la modalidad con la que se va a encarar; por ejemplo, contratar personal ajeno al grupo de origen y a la institución.

De acuerdo con lo expresado, es importante que en el proyecto se presente un cronograma con el detalle de las actividades, los responsables de cada una de ellas, el tiempo en el cual se van a concretar.

Hay muchas maneras de diseñarlo; una de ellas es la que sigue a continuación.

Actividades	Respon-sables*	Tiempo (días, semanas, meses, etc.)							
		Fecha	Fecha	Fecha	Fecha	Fecha	Fecha	Fecha	Fecha
Actividad 1	xxxxx								
Actividad 2	xxxxx								
Actividad 3	xxxxx								
Actividad 4	xxxxx								
Actividad 5	xxxxx								
Actividad 6	xxxxx								

* Exige la descripción de cada una de las actividades que se han diseñado.

Finalmente, otro componente tan importante como los demás, que suele ubicarse al final de la mayoría de los manuales sobre el tema y que, en este caso, sigue la misma modalidad, es lo que corresponde a la *evaluación*.

En realidad, esta acción se manifiesta durante todo el proceso del proyecto, no sólo al final. En esto se incluye el trabajo procesual que implica la conformación del equipo encargado del proyecto, desde la formulación o el diseño hasta su ejecución. Justamente ello es lo que contribuye a que se produzcan cambios aun en la misma preparación del documento del proyecto.

La evaluación, pensada desde su temporalización, puede ser *previa* (en la etapa de escritura del proyecto), *simultánea* (durante la concreción del proyecto), *final* (al terminar el proyecto, considerada como actividad final que recoge lo que se produjo en el proceso), *posterior* (pasado un tiempo desde su ejecución, pero que implica una recopilación de toda la documentación existente sobre las acciones, y además supone la aplicación de instrumentos que permitan al evaluador conocer cómo los actores han vivido las situaciones).

Si es pensada desde su objeto, puede interpretarse como una evaluación de resultados, de objetivos, de procesos. En cuanto a su magnitud, puede hacerse referencia a proyectos grandes o pequeños. Por los instrumentos que utiliza, puede ser *cuantitativa* (costo-beneficio, impacto, indicadores) o *cualitativa* (de tipo descriptivo, narrativo).

También la evaluación puede concretarse a través de un evaluador externo, hacia el interior del equipo a través de los mismos actores que lo componen, o asumir un carácter mixto. Esto significa que, más allá de la evaluación que realizan los agentes involucrados, es posible solicitar a expertos externos que realicen, en forma paralela o posteriormente, otra evaluación.

En general, esto es común cuando se trata de proyectos de gran magnitud, que están a cargo de organismos gubernamentales nacionales o extranjeros.

De todos modos, el criterio que se adopta respecto de esta actividad se ha modificado sustancialmente en los últimos años. Actualmente, las evaluaciones, en especial de los proyectos sociales, adquieren una tendencia participativa (haciendo referencia a la evaluación "centrada en el participante"; Verdung, 1997, p. 95) y continua, interpretando con ello que es deseable que un proyecto, para considerarse exitoso, deje un aprendizaje instalado para influir en su desarrollo y/o proyectos futuros.

Es innegable que la participación de diferentes actores en una evaluación tiende a favorecer su participación y su implicancia o compromiso en ella.

La presencia del concepto de participación como criterio de calidad en la evaluación de proyectos es parte integradora de un proceso que da inicio en los años 70, con lo que se conoció como el modelo de intervención social denominado "desarrollo participativo" y con metodologías sustentadas en la investigación-acción, luego conocido como modelo de desarrollo centrado en las personas, distanciándose del modelo tradicional.

El nuevo modelo exige el uso de otras herramientas e instrumentos capaces de evaluar las condiciones de vida en virtud de un análisis situacional cercano a los contextos donde se desarrolla. Ello implica la necesidad de apropiarse de las características que definen y son atravesadas por diferentes circunstancias sociales.

A continuación, en el cuadro siguiente, se observan las diferencias que hoy se advierten frente a los dos modelos de evaluación, el tradicional y participativo.

	EVALUACIÓN TRADICIONAL	EVALUACIÓN PARTICIPATIVA
Logros	Aprendizaje y mejora de gestión.	Aprendizaje de todos.
Agente evaluador	Asume rol técnico.	Asume rol facilitador.
Actitud del evaluador	Evaluador objetivo.	Evaluador comprometido.
Objeto de medición	Indicadores predeterminados	Indicadores negociados.
Método de evaluación	Formales. Complejos. Cuantitativos.	Cualitativos. Triangulación con otros métodos.
Momento de la evaluación	Preestablecido.	Continuo. Periódico.
Para quién se evalúa	Propiedad del agente externo o del equipo evaluador.	Población implicada.
Implicados	Perspectiva inmediata de satisfacción de necesidades.	Perspectiva estratégica de fortalecimiento de derechos.
Resultados	Informe final de evaluación.	Aprendizaje del proceso y de las prácticas de evaluación.

Fuente: adaptado de la publicación *Plan Estratégico del Tercer Sector de Acción Social. Guía de Evaluación de Programas y Proyectos Sociales* (2003, p. 43).

Si bien es cierto que los modelos tradicionales son capaces de medir los impactos o las huellas, señales y aspectos tanto positivos como negativos que una ejecución de un proyecto provocan en un ámbito, grupo o área determinada, la posibilidad de ponderarlos desde una perspectiva interpretativa, construida por los mismos actores, enriquece más las acciones que se han desarrollado. Ambos modelos pueden convivir, por ahora.

Las evaluaciones de los proyectos son complejas, ya que se entretejen aspectos personales, dudas, sobreexigencias, percepciones distorsionadas de las propias acciones, eventualidades provenientes del contexto. Pero, a pesar de ello, cualquier evaluación devela aquello que es necesario modificar, así como también qué debe ser replicado, o bien cómo puede cambiarse.

Los sistemas evaluativos pueden ser variados y abundan los instrumentos, pero la capacidad de reflexión que acompaña a la condición humana parece ser uno de los más nobles en cuanto a su capacidad de éxito. Realizar jornadas de evaluación reflexiva en diferentes momentos del ciclo de un proyecto colabora para su buena marcha.

Preguntarse de dónde se partió, hacia dónde se dirigió, a dónde se llegó, cómo se realizó, qué efectos fue produciendo, qué debe ser modificado, qué aprendizajes fue instalando… es un modo poco costoso de ejercicio compartido entre todos los actores del mismo proyecto.

La presentación de proyectos, ya sea animados por tentadoras propuestas de apoyo financiero, ya sea pensados a partir de problemáticas genuinas desde las mismas instituciones, especialmente educativas, es hoy una modalidad que se va imponiendo en la sociedad.

Muchos de estos proyectos surgen desde los programas de gobierno y, en algunos casos, llegan a las instituciones con modelos que deben ser respetados para su aprobación. Entonces, ya sea por propia iniciativa, con modelos también propios, ya sea elaborados a partir de pautas preestablecidas, lo que adquiere mayor relevancia es el hecho de que lo que se pretende con toda su ejecución es lograr cambios significativos, especialmente destinados al logro efectivo de la inclusión.

Es importante considerar que cualquier proyecto de esta naturaleza está destinado a producir un cambio a partir de una necesidad, y que en ese proceso se han producido aprendizajes suficientes para continuar evolucionando.

• REFERENCIAS

Álvarez García, I. (2006). "Introducción a la Teoría de Proyectos", en I. Álvarez García. *Planificación y desarrollo de proyectos sociales y educativos*. México: Limusa, pp. 49-65.

Booth, T. y Ainscow, M. (2002). *Index for inclusion. Desarrollando el aprendizaje y la participación en las escuelas*. UNESCO-CSIE.

Castells, M. (2009). *Comunicación y poder*. Madrid: Alianza.

Echeita, G. y Cuevas, I. (2011). "La educación inclusiva", en E. Martín y T. Mauri. *Orientación educativa. Atención a la diversidad y educación inclusiva*. Barcelona: Grao, pp. 11-27.

Fernández Arroyo, N. y Schejtman, L. (2012). *Planificación de políticas, programas y proyectos sociales*. Buenos Aires: CIPPEC y UNICEF.

Ferrero, G. (coord.) (2008). *Identificación y formulación de proyectos de cooperación para el desarrollo. Cuadernos de cooperación para el desarrollo*. Valencia: Universidad Politécnica de Valencia.

Gutiérrez, P. M. (2014). *Planificación participativa* (edición electrónica). Observatorio Internacional de Ciudadanía y Medio Ambiente Sostenible (CIMAS). Recuperado de www.redcimas.org.

Guyot, V. (2005). "Epistemología y prácticas del conocimiento". *Revista Ciencia, Docencia y Tecnología*, N.º 30, año XVI, 9-24.

Guyot, V. (2011). *Las prácticas del conocimiento. Un abordaje epistemológico*. Buenos Aires: Lugar Editorial.

Matus, C. (1998). *Política, planificación y gobierno*. Caracas: Altadir.

Morin, E. (1999). *La cabeza bien puesta. Repensar la reforma, reformar el pensamiento*. Buenos Aires: Nueva Visión.

Morin, E (2001). *Los siete saberes necesarios a la educación del futuro*. Buenos Aires: Nueva Visión.

Morin, E. (2003). *Introducción al pensamiento complejo*. Barcelona: Gedisa.

Nirenberg, O. (2010). "Enfoque para la evaluación de políticas públicas", en C. Fioramonti (coord) y P. Amaya (comp.). *El estado y las políticas públicas en América Latina: avances y desafíos de un continente que camina en el fortalecimiento de la inclusión social*. La Plata: Universidad Nacional de La Plata.

Nirenberg, O.; Brawerman, J., y Ruiz, V. (2010). *Programación y evaluación de proyectos sociales. Aportes para la racionalidad y la transparencia*. Buenos Aires: Paidós.

Perez Árias, O. (coord.) (2003). *Plan estratégico del Tercer Sector de Acción Social. Guía de Evaluación de Programas y Proyectos Sociales*. Madrid: Plataforma de ONG de Acción Social.

Prigogine, I. (1994). "De los relojes a las nubes", en D. Fried Schnitman. *Nuevos paradigmas, cultura y subjetividad*. Barcelona: Paidós.

Umbarila Laiton, M. P. (2015). "Metodologías de planificación participativa y gestión asociada como campos de intervención del Trabajo Social". *Trabajo Social,* 17: 169-185. Bogotá: Departamento de Trabajo Social, Facultad de Ciencias Humanas, Universidad Nacional de Colombia.

Verdung, E. (1997). *Evaluación de políticas públicas y programas.* Madrid: Ministerio de Trabajo y Asuntos Sociales.